Hubertus Büker

Weiblich, christlich, widerspenstig

40 forsche fromme Frauen

Verlag Dom Buchhandlung

Vorwort

Starke Frauen der Christenheit? Nun, da fallen Ihnen vielleicht ein: Teresa von Avila, Katharina von Siena und Katharina von Bora, Brigitta von Schweden und Hildegard von Bingen, Johanna von Orléans und Edith Stein. Sie alle, die „üblichen Verdächtigen", kommen in diesem Buch nicht vor.

Diejenigen, die vorkommen, sind nicht sämtlich unbekannt. Namen wie Florence Nightingale oder Berta Hummel haben Sie vermutlich schon einmal gehört, wenngleich deren christlicher Hintergrund nicht unbedingt allgemein bewusst ist. Aber Liliuokalani, Alice Paul, Therese Studer, Maria Augusta Trapp, Katharina Zell – sind Ihnen diese Namen geläufig?

Dieses Buch möchte einige bemerkenswerte Frauen der christlichen Geschichte in Erinnerung bringen, die überwiegend nicht ganz so prominent sind. Einige von ihnen haben den Glauben spät entdeckt, andere haben ihn im Laufe ihres Lebens verloren; einige mögen als etwas zu rechtgläubig oder zu konservativ erscheinen, andere als zu aufmüpfig, zu links, zu kess. Aber eben dies soll deutlich werden: die bunte Vielfalt individueller Lebenswege von Christinnen durch die Jahrhunderte hindurch.

Die meisten Porträts dieses Buches sind für die Rubrik „Anno Domini" der acht katholischen Kirchenzeitungen der Verlagsgruppe Bistumspresse verfasst worden; einige entstanden exklusiv für diesen Band. Sie sind, wie es Zeitungsbeiträge so an sich haben, kurz und knapp gehalten. Die hier vorgestellten Frauen hätten fraglos erheblich ausführlichere Beiträge verdient. Aber möglicherweise regt Sie diese Sammlung dazu an, sich mit dieser oder jener starken Christin näher beschäftigen zu wollen.

Impressum

Die Deutsche Nationalbibliothek verzeichnet diese Publikation in der
Deutschen Nationalbibliografie; detaillierte bibliografische Daten sind
im Internet über www.d-nb.de abrufbar.

Gestaltung und Gesamtherstellung: Dom Medien GmbH, Osnabrück
Druck: CPI books, Leck

© 2014 Verlag Dom Buchhandlung, Osnabrück
ISBN: 978-3-925164-69-9
Alle Rechte vorbehalten

www.dom-buchhandlung.de

Inhalt

Mathilde Franziska Anneke
Sie wollte keine schweigsame Dulderin sein — 8

Olave Baden-Powell
Andere glücklich machen macht glücklich — 11

Simone de Beauvoir
„Mein wichtigstes Werk ist mein Leben" — 14

Elsa Brändström
Für den Führer hatte sie nur ein „Nein" — 17

Aenne Brauksiepe
„Wir Frauen sind eine Macht" — 20

Friederike Brion
Sah der Dichter die Schöne stehn — 23

Lucy Burns & Alice Paul
Blutige Demo fürs Frauenwahlrecht — 26

Marianne Dirks
Das schwarze Schaf der frommen Herde — 29

Hedwig Dransfeld
Dieses Weib schweigt ganz gewiss nicht — 32

Elisabeth von Portugal
Die wagemutige Friedensstifterin — 35

Dorothea Erxleben
Kinder, Küche, Kirche – und Karriere — 38

Gertrud Fussenegger
Hoch geehrt und heftig gescholten — 41

Ida Gräfin Hahn-Hahn
Eine etwas überspannte Konvertitin — 44

Hildegunde von Schönau
Sie war ein tadelloser Ordensmann — 47

Maria Innocentia Hummel
Der Charme der putzigen Kinderbilder — 50

Mahalia Jackson
Fröhlich schreien zum Lob des Herrn … 53

Anna Marie Jarvis
Ein Blumenstrauß war ihr zu wenig … 56

Katharina von Alexandrien
Schön und gescheiter als 50 Philosophen … 59

Katharina von Aragon
Die Machtlosigkeit einer Königin … 62

Francis Kent
Flower-Power im Frauenkloster … 65

Klara von Assisi
Sie kämpfte für das Recht auf Armut … 68

Liliuokalani
Sing zum Abschied leise „Aloha Oe" … 71

Louise de Marillac
Eine pfingstliche Vision geht in Erfüllung … 74

Antonietta Meo
Zärtliche Liebesbriefe an Jesus … 77

Gianna Beretta Molla
„Entscheidet euch für das Kind" … 80

Florence Nightingale
Gott rief die „Lady mit der Lampe" … 83

Nino
Die Apostolin, die aus der Fremde kam … 86

Rosa Parks
Sie blieb sitzen und die Welt stand auf … 89

Marguerite Porète
Der grausame Tod einer Erfolgsautorin … 92

Radegundis von Thüringen
Die Liebe in den Zeiten der Gewalt … 95

Rosa von Lima
Sie lud die Blumen zum Morgengebet ein … 98

Anna Salome von Salm-Reifferscheidt
Katholisch, weiblich, mächtig   101

Elisabeth Schwarzhaupt
Ein Sitzstreik brachte sie ins Kabinett   104

Therese Studer
Mit Wissensdurst und Tatkraft   107

Therese von Sachsen-Hildburghausen
Ein Königspaar, zwei Konfessionen   110

Maria Augusta Trapp
Fromm, adrett und „Mutter des Jahres"   113

Maria Ward
Der lange Weg zur „Gemeinschaft Jesu"   116

Helene Weber
Konservativ, kantig und katholisch   119

Simone Weil
Die radikale Grenzgängerin   122

Katharina Zell
„Arbeit meines Leibs und Mauls getan"   125

Sie wollte keine schweigsame Dulderin sein

Die erste „Emma" erschien in Milwaukee. Und Alice Schwarzer ist quasi die geistige Urenkelin von Mathilde Franziska Anneke. Denn die Frauenrechtlerin gab schon 1852 in den USA ein feministisches Blatt heraus, die deutschsprachige „Frauen-Zeitung".

Als Mathilde Giesler am 3. April 1817 auf einem Gutshof nahe Sprockhövel im südlichen Ruhrgebiet geboren wird, ist die Welt ihrer wohlhabenden katholischen Bürgerfamilie noch in Ordnung. Doch dann verspekuliert sich der Vater. Mathilde muss es ausbaden: Die attraktive 19-Jährige wird mit einem reichen adeligen Weinhändler verheiratet, der die Schulden der Gieslers begleicht.

Der Gatte erweist sich als gewalttätiger Trinker. Schon im nächsten Jahr, wenige Tage nach der Geburt der Tochter Johanna, verlässt Mathilde ihn. Und wagt es gar, die Scheidung einzureichen. Der Prozess dauert Jahre. 1841 wird sie schuldig geschieden, erhält immerhin das Sorgerecht für ihre Tochter.

Da lebt sie schon in Münster und ist zum Freundeskreis der Dichterin Annette von Droste-Hülshoff gestoßen. Sie publiziert unter anderem zwei Gebetbücher für Frauen. Noch bietet ihr der Glaube eine Stütze. Doch die Scheidung macht sie

Alice Schwarzers
„Uroma":
Mathilde Franziska
Anneke
1817-1884

zur Außenseiterin – in der Kirche wie in der Gesellschaft. Und sie wird immer kritischer – den weltlichen wie den geistlichen Obrigkeiten gegenüber. Sie mag nicht mehr einsehen, dass die Frau die „schweigsame Dulderin" sein soll und die „demütige Magd, die ihrem Herrn die Füße wäscht". Sie mag nicht länger glauben, „dass wir dort oben belohnt werden für unser Lieben und Leiden, für unser Dulden und Dienen". Sie findet, dass Frauen „gleich berechtigt sind zum Lebensgenusse wie unsere Unterdrücker".

Mathilde lernt den entlassenen Offizier Fritz Anneke kennen, der im „Bund der Kommunisten" aktiv ist. Die beiden heiraten, ziehen nach Köln. Sie arbeiten für linksliberale Zeitungen, haben Kontakt mit Karl Marx und Friedrich Engels und beteiligen sich in der Pfalz und in Baden aktiv an den letzten Kämpfen der Revolution von 1848/49. Nach der Niederlage der Aufständischen emigrieren sie über Straßburg und die Schweiz nach Amerika.

Mathilde Franziska Anneke

In Milwaukee im US-Bundesstaat Wisconsin lassen sich die Annekes nieder. Mathilde arbeitet als Journalistin und Schriftstellerin. Und engagiert sich in der Frauenbewegung – mit flammenden Reden und Vorträgen und mit ihrer „Frauen-Zeitung", die sich ganz der Gleichberechtigung verschrieben hat. Die Pionierin der amerikanischen Frauenrechtsbewegung setzt sich außerdem entschieden für die Abschaffung der Sklaverei ein. Schließlich gründet sie 1865 in Milwaukee eine Mädchenschule, die sie bis zu ihrem Tod am 25. November 1884 leitet.

Leidenszeiten

In ihren letzten Lebensjahren hat Mathilde Franziska Anneke einige Schicksalsschläge zu verkraften. Fritz Anneke stirbt 1872 bei einem tragischen Unfall; Johanna, die Tochter aus erster Ehe, erliegt 1877 einem Krebsleiden. Sie selbst zieht sich 1876 eine Blutvergiftung zu; danach bleibt die rechte Hand gelähmt. Mitte 1880 hält sie ihre letzte öffentliche Rede – weitere Auftritte lassen ein chronisches Leberleiden und schmerzhafte Gelenkentzündungen nicht mehr zu.

Andere glücklich machen macht glücklich

Nach zwei Töchtern war ihr Vater sicher, dass sein drittes Kind ein Junge würde. Wie er heißen sollte, hatte er schon entschieden. Und so kam die spätere Gattin des Gründers der Pfadfinderbewegung, Robert Baden-Powell, zu einem recht ungewöhnlichen Vornamen: Olave.

Zusammen mit ihrem Vater bricht die mittlerweile erwachsene Olave Soames im Januar 1912 zu einer Reise über den Atlantik auf. An Bord des Dampfers „Arcadian" befinde sich „nur eine einzige interessante Person", schreibt sie ihrer Mutter, „und das ist dieser Pfadfinder-Mensch".

Der setzt sie gleich in Erstaunen: Er habe sie vor zwei Jahren schon einmal gesehen, behauptet er. Kurz zwar nur und nur von hinten. Doch den Hund, den sie damals spazieren führte, kann er genau beschreiben – also muss die Geschichte stimmen. Wiedererkannt, fügt er hinzu, habe er sie an ihrem Gang. Der verrate ihm, dass sie ehrlich sei, über gesunden Menschenverstand verfüge und Abenteuer liebe.

Der Auftakt einer Romanze auf hoher See. Sie schreiben einander Briefchen, verabreden sich. Stellen fest, dass beide am selben Tag Geburtstag haben. Freilich: Sie wird am bevorstehenden 22. Februar 23 Jahre alt, er 55.

Olave Baden-Powell

Der Altersunterschied, das ist beiden klar, wird Missfallen erregen. Daher lassen sie den Plan fallen, sich gleich auf dem Schiff vom Kapitän trauen zu lassen und fühlen zu Hause erst einmal vor. Schließlich heiraten die beiden gläubigen Anglikaner im Oktober in der Kirche eines kleinen südenglischen Küstenortes unter Ausschluss der Öffentlichkeit.

Die Presse hätte gewiss einigen Wirbel um diese Hochzeit gemacht. Denn Robert Baden-Powell, der in jungen Jahren die Aufnahmeprüfung in Oxford nicht besteht und deshalb Soldat wird, bringt es bis zum Generalleutnant und gilt als Kriegsheld. 1907 gründet er die Pfadfinderbewegung, die in kürzester Zeit einen unglaublichen Zulauf findet. Einen Penny soll jeder englische Pfadfinder geben, um den Baden-Powells ein Hochzeitsgeschenk zu machen – die Pennys reichen für den Kauf eines Autos.

Drei Kinder bringt Olave zur Welt, steigt dann in die Pfadfinderinnenarbeit ein. Robert hatte an sich eine reine Jungenbewegung im Sinn, doch von Anfang an wollen auch Mädchen mitmachen. Roberts Schwester Agnes führt die weiblichen Scouts zunächst, Olave übernimmt 1918 die Leitung der englischen Pfadfinderinnen und wird 1930 zur Weltführerin gewählt.

Nach dem Tod Roberts 1941 macht Olave weiter. Die „Großmutter aller Pfadfinder", wie sich selbst im Alter scherzhaft nennt, bereist insgesamt 111 Länder. Vor ihrem Tod 1977 schreibt sie im Abschiedsbrief an ihre Scouts: „Führt andere zum Glück und werdet selbst glücklich dabei. Wenn ihr das tut, erfüllt ihr die euch von Gott gestellte Aufgabe." Womit sie den Kern der Botschaft Roberts wiederholt, der gegen Ende seines Lebens ebenfalls einen solchen Brief verfasst hatte. Mit dem berühmten Satz: „Versucht, die Welt ein bisschen besser zurückzulassen, als ihr sie vorgefunden habt."

Die „Großmutter aller Pfadfinder": Olave Baden-Powell 1889-1977

Ein Rolls mit Wohnwagen

1929 wird die Pfadfinderbewegung 21 Jahre alt und damit volljährig. Gefeiert wird der Geburtstag beim Welttreffen in der Nähe von Liverpool. Und die Baden-Powells bekommen von ihren Pfadfindern noch einmal ein Auto geschenkt: einen 20 PS starken Rolls Royce, den Olave auf den Namen „Jam Roll" tauft, nebst einem Wohnwagen, den sie „Eccles" nennt. Als Kühlerfigur hat das Auto übrigens eine Pfadfinderlilie mit dem Schriftzug „Be prepared". Das Paar ist mitsamt den drei Kindern häufig mit dem Gespann unterwegs – bis die Baden-Powells nach Kenia übersiedeln. Dann wird das Auto verkauft und wechselt mehrmals den Besitzer. Inzwischen ist das Gespann im Besitz einer gemeinnützigen Gesellschaft, damit es als gemeinsames Erbe der Pfadfinderbewegung und zur Erinnerung an ihren Gründer erhalten werden kann. 2007 ist der „Jam Roll" übrigens auch als Modellauto herausgebracht worden.

„Mein wichtigstes Werk ist mein Leben"

Sie ist, wie sie im Titel ihres ersten Memoirenbandes feststellt, eine „Tochter aus gutem Hause": großbürgerliche Familie, katholische Erziehung, solide Bildung. Doch aus Simone de Beauvoir wird statt einer braven Gattin die berühmteste Feministin des 20. Jahrhunderts.

Sie hätte auch Ordensfrau werden können. Als Mädchen kann sich das Simone, am 9. Januar 1908 in Paris geboren, jedenfalls durchaus vorstellen. Die Eltern verarmen gegen Ende des Ersten Weltkriegs, so dass an eine angemessene Mitgift und also an eine standesgemäße Heirat fortan nicht mehr zu denken ist. Doch Simone macht sich keine Sorgen – sie könnte ja ins Kloster gehen.

Mit der Pubertät allerdings legt Simone nicht nur ihre Kindheit, sondern auch ihren Glauben ab. Was sie lange verheimlicht. Den Eltern, besonders der tief religiösen Mutter gegenüber wie auch in der katholischen Schule spielt sie weiterhin die Fromme. Nach und nach erst entwickelt sie Mut zur Eigenständigkeit.

Dazu trägt ihr Philosophiestudium bei, das sie in Kontakt mit vielen jungen linken Intellektuellen bringt – unter ihnen der drei Jahre ältere Jean-Paul Sartre. Da beide große Vorbehalte gegen eine normale Ehe haben, vereinbaren sie einen

Autorin,
Philosophin,
Feministin:
Simone de Beauvoir
1908-1986

Partnerschaftspakt, der sie zwar verbindet, aber alle Freiheiten für andere Beziehungen lässt.

Beide finden: Nicht religiöse Vorstellungen, politische Weltanschauungen oder Traditionen sollten das Leben prägen, sondern Freiheit, Selbstbestimmung und Gleichberechtigung. Jeder muss selbst entscheiden – und dann handeln. „Mein wichtigstes Werk ist mein Leben", bringt Simone ihre Überzeugung auf den Punkt. Diese Sichtweise verarbeitet sie auch literarisch in den Romanen „Sie kam und blieb", 1943 erschienen, und „Das Blut der anderen" (1945).

Danach arbeitet sie drei Jahre lang an jenem Mammutwerk von ungefähr tausend Seiten, in dem sie die Rolle der Frau in einer von Männern beherrschten Welt beschreibt: „Das andere Geschlecht". Wie Frauen leben und arbeiten, wie sie sich verhalten und geben, das hat nichts mit Natur oder Biologie zu tun, sondern wird von Kultur und Gesellschaft verordnet, sagt Simone de Beauvoir. Oder in der Kurzversion: „Man wird nicht als Frau geboren, man wird dazu gemacht."

Simone de Beauvoir

Das Buch, etwa 20 Jahre vor der „neuen" Frauenbewegung veröffentlicht, wird zur Pflichtlektüre in Sachen Emanzipation. Noch einmal wird Simone de Beauvoir ihrer Zeit voraus sein: 1970, als das Thema noch kaum wen interessiert, erscheint „Das Alter", eine wiederum sehr umfassende Untersuchung über die Erniedrigung alter Menschen in der modernen Gesellschaft.

Sie selbst wird in den folgenden Jahren mit Alter und Verfall hautnah konfrontiert – dem ihres Lebensgefährten Sartre, der nach langer Krankheit 1980 stirbt. Am 14. April 1986 stirbt auch Simone de Beauvoir und wird neben Sartre auf dem Friedhof von Montparnasse in Paris begraben.

„Das Alter"

In ihrem Werk „Das Alter" übt Simone de Beauvoir heftige Gesellschaftskritik. Der oft würdelose Umgang mit alten Menschen, postuliert sie, sei eine Folge des Kapitalismus. Wenn Menschen nicht mehr arbeiten könnten, erkläre die Marktwirtschaft sie für „unbrauchbar". Wie schon in ihrem Buch „Das andere Geschlecht" vertritt die Philosophin die Überzeugung, dass das Alter – wie eben auch das Geschlecht – keine rein biologische Tatsache sei, sondern eine kulturelle Konstruktion, nicht von Natur aus gegeben, sondern von der Gesellschaft diktiert. Deshalb ist das Problem in ihren Augen auch recht einfach zu lösen: indem man alten Menschen das Gefühl vermittelt, dass sie wertvoll für die Gesellschaft seien – und keine Last

Für den Führer hatte sie nur ein „Nein"

Mehrmals war sie offiziell für den Friedensnobelpreis nominiert: Die Schwedin Elsa Brändström, am 26. März 1888 geboren, wurde für deutsche Kriegsgefangene in russischen Lagern im und nach dem Ersten Weltkrieg der „Engel von Sibirien".

Sie hat ihren eigenen Kopf, schon in jungen Jahren. Als die Konfirmation ansteht, will sie ihre persönliche Entscheidung treffen und nicht, wie viele Altersgenossen, einfach nur mitlaufen. Sie berät sich ausgiebig mit dem Pastor ihrer Gemeinde, der ihr versichert, er werde sie zu nichts drängen. Nun gut: Sie lässt sich konfirmieren.

Im russischen Sankt Petersburg geboren – der Vater ist Militärattaché an der schwedischen Botschaft –, kehrt die Familie in die Heimat zurück, als Elsa drei Jahre alt ist. In Linköping geht sie zur Schule, in Stockholm besucht sie das Lehrerinnenseminar. Nach dem Abschluss geht es erneut nach Sankt Petersburg, da der Vater dort inzwischen als Gesandter tätig ist. Elsa stürzt sich ins gesellschaftliche Leben, führt nach dem Tod der Mutter den Haushalt.

Nach Ausbruch des Ersten Weltkriegs lässt sich Elsa zur Krankenpflegerin ausbilden und arbeitet in einem Soldatenhospital. Das tun zahlreiche „feine Damen" – für ein Weilchen,

Der „Engel
von Sibirien":
Elsa Brändström
1888-1948

denn lange können sie die Schreie der Verletzten und Verstümmelten nicht ertragen. Elsa hingegen spornt das Elend, das sie erlebt, zu immer größerem Einsatz an. Vor allem erschüttert sie die erbärmliche Lage der deutschen Kriegsgefangenen, die man nach Sibirien verfrachtet. Schon der Transport in ungeheizten Zügen und ohne Verpflegung ist eine Tortur; in den Lagern herrschen neben Hunger, Durst und eisiger Kälte katastrophale hygienische Verhältnisse. Elsa, ab 1915 in Diensten des schwedischen Roten Kreuzes, begleitet Transporte, kümmert sich um Verwundete, sorgt für eine bessere Ernährung und mehr Sauberkeit in den Lagern. Zwischendurch sammelt sie Geld und organisiert Kleidung, Lebensmittel, Arzneien.

Ihre Erfahrungen schildert sie 1922 in einem Buch – es wird sofort ein Bestseller. Das Honorar und weitere Spenden verwendet sie für den Bau zweier Kliniken für heimgekehrte Gefangene und eines Waisenhauses für die Kinder verstorbener Gefangener in Deutschland.

Elsa Brändström

1929 heiratet sie den Dresdner Pädagogikprofessor und Sozialdemokraten Robert Ulich, zwei Jahre darauf wird Tochter Brita geboren. Als die Nazis an die Macht kommen, entschließt sich die Familie zur Auswanderung in die USA. Das passt Hitler gar nicht, will er doch Elsas Ruhm für seine Zwecke nutzen. Der Führer lädt sie gar zum Plausch auf den Obersalzberg ein – die Umworbene telegrafiert: „Nein. Elsa Brändström". Das muss reichen.

In den USA kümmert sie sich um deutsche Emigranten, beschafft ihnen Papiere und Jobs. Gegen Kriegsende schickt sie Hilfsgüter nach Deutschland – daraus wird die Aktion „Care". Der Knochenkrebs verhindert, dass Elsa Brändström Deutschland noch einmal wiedersehen kann; sie stirbt am 4. März 1948 in Cambridge, Massachusetts.

Ehrungen

Elsa Brändström erhält zahlreiche Orden und Auszeichnungen. Um nur einige zu nennen: Silberplakette des Deutschen Reiches; Ehrendoktortitel der Universitäten Tübingen, Königsberg und Upsala (Schweden); Goldene Seraphinenmedaille zum Königlichen Seraphinenorden (Schweden). Offiziell für den Friedensnobelpreis wird sie nominiert in den Jahren 1922, 1923 (zweimal), 1928 und 1929. Zudem tragen viele Straßen, Schulen, Vereine und gemeinnützige Organisationen in Deutschland und Österreich ihren Namen.

„Wir Frauen sind eine Macht"

„Wir Frauen sind eine Macht. Dass wir es nicht wissen, schränkt unsere Macht ein." Das ist einer der prägnanten Sätze der Aenne Brauksiepe. Weitere Kostprobe gefällig? Nun denn: „Als Frau in der Politik muss man auftreten wie eine Lady und kämpfen wie ein Schlachtross."

Für ein Jahr und fünf Tage ist sie Bundesministerin für Familie und Jugend. Das reicht nicht, um unvergessen zu werden. An Aenne Brauksiepe erinnert sich die Nation nicht mehr, obschon man sie über ein Jahrzehnt lang respektvoll die „Bundes-Aenne" nennt.

Aenne Engels kommt am 23. Februar 1912 in Duisburg als Tochter eines Bahnbeamten zur Welt. Zum Vorbild wird ihr die Mutter: Käthe Engels ist in der Zentrumspartei aktiv und in der katholischen Frauenbewegung; während der Weltwirtschaftskrise Ende der 1920er Jahre kümmert sie sich um die Not leidenden Arbeiterfamilien. Bei ihren „Engelgängen" wird sie oft von Aenne begleitet, die sich außerdem in der katholischen Jugendarbeit engagiert.

Nach dem Abitur arbeitet Aenne in einem Heim für behinderte Kinder. Sie möchte studieren, doch die Familie gilt den Nazis als politisch unzuverlässig. So weicht sie nach Schottland aus und besucht ein College in Glasgow. 1937 heiratet

Als Lady auftreten, wie ein Schlachtross kämpfen: Aenne Brauksiepe 1912-1997

sie den Journalisten Werner Brauksiepe und lebt sechs Jahre lang in den Niederlanden, ehe sie nach Duisburg zurückkehrt. Nach Kriegsende kümmert sie sich um Obdachlose und Flüchtlinge, übernimmt führende Positionen im heutigen Katholischen Deutschen Frauenbund (KDFB) – und sie steigt in die Politik ein.

In Duisburg gründet sie die CDU mit, sammelt Erfahrung in der Kommunalpolitik und kandidiert 1949 bei den Wahlen zum ersten deutschen Bundestag. Mit Erfolg. Mutterschutzgesetz, Kindergeld, Witwenrente – in der parlamentarischen Arbeit beschäftigen sie zunächst vor allem die typischen frauenpolitischen Themen. Aber nicht nur: 1952 spielt sie in der historischen Wehrdebatte des Bundestages eine wichtige Rolle. Gerade unter den weiblichen Abgeordneten ist die „Wiederbewaffnung" eine umstrittene Frage. Aenne Brauksiepe argumentiert leidenschaftlich gegen ein „Ausweichen in die Neutralität"; um Frieden und Freiheit zu sichern, müsse sich

Aenne Brauksiepe

die Bundesrepublik angesichts der kommunistischen Bedrohung auch mit Waffen verteidigen. Die Union lässt ihre Rede als Broschüre drucken.

23 Jahre lang sitzt sie im Bundestag, wird stellvertretende Fraktionsvorsitzende, kommt in den Bundesvorstand und ins Präsidium der CDU, führt über 13 Jahre die Frauen-Union. Schon Mitte der 1960er Jahre fordert sie die Anrechnung von Kindererziehungszeiten in der Rentenversicherung und den Ausbau von Kindergärten und Ganztagsschulen. Als Familienministerin beschäftigen sie 1968/69 Themen wie Schulfreiheit an Samstagen oder die rechtliche Gleichstellung unehelicher Kinder.

Populär freilich werden derartige Themen erst Jahrzehnte später. Und populär werden damit selbst führende Politikerinnen zu Aenne Brauksiepes Zeiten nicht. Das gelingt erst „Schlachtrössern" der nächsten Generation katholischer Politikerinnen wie etwa Hanna-Renate Laurien. Sie zählt Aenne Brauksiepe zu den Frauen, „die sich zu Wort melden und nicht in einer Tanzstundenhaltung warten, bis man sie auffordert".

Kampfeslust

Mit Aenne Brauksiepe war „nicht gut Kirschen essen". 1969 legte sie sich mit dem Autor Heinrich Böll an. Der hatte einen „Offenen Brief an eine deutsche Frau" veröffentlicht, um die Wählerinnen der Union „aus der unwürdigen Situation zu befreien, ‚Stimmvieh' für die CDU/CSU zu sein". Aenne Brauksiepe antwortete unter der Überschrift „Ansichten eines Clowns": Böll wisse nichts von Frauen und von Politik, besitze aber – einem Clown angemessen – „einen unerhörten Mut zur Lächerlichkeit".

Sah der Dichter die Schöne stehn

„Und doch, welch Glück, geliebt zu werden! Und lieben, Götter, welch ein Glück!" So endet eines der berühmtesten Gedichte Goethes. Unterschrieben hätte Friederike Brion diese Sätze allerdings wohl kaum. Die Liebesgeschichte mit dem Dichter brachte ihr eher Unglück.

Dabei fängt alles so romantisch an. Der 21 Jahre alte Johann Wolfgang, der in Straßburg Jura studiert, unternimmt im Oktober 1770 einen längeren Ausritt – zusammen mit einem Studienkollegen, der für die Übernachtung im Pfarrhaus des Dörfchens Sessenheim im Unterelsass gesorgt hat.

Als des Pfarrers Tochter Friederike in die Stube tritt, geht für Johann Wolfgang sogleich „ein allerliebster Stern" auf – Knall auf Fall verliebt sich der Student in die sorglos-lebenslustige, blauäugige Schönheit mit den langen blonden Zöpfen.

Friederike Elisabeth Brion ist 18, vielleicht auch 19 Jahre alt – da die Kirchenbücher dieser Zeit verschollen sind, ist das Geburtsdatum nicht zweifelsfrei gesichert. Friederike wächst in einem fröhlichen Pfarrhaus auf – man tanzt und spielt und reitet und freut sich des Lebens. Eine unbeschwerte Jugend.

Auch sie verliebt sich auf den ersten Blick in den charmanten, attraktiven Gast. Der fortan häufig zu Besuch kommt.

Die Jugendliebe
Goethes:
Friederike Brion
1752-1813

Und der sich mit Friederikes Vater Johann Jakob so blendend versteht, dass der Pfarrer ihm vollkommen vertraut – gänzlich unbeaufsichtigt dürfen Friederike und Johann Wolfgang im folgenden Frühjahr lange Spaziergänge, Ausritte und Bootsfahrten unternehmen.

Das Liebesglück weckt in Goethe „unversehens die Lust zu dichten". Neben dem eingangs zitierten „Willkommen und Abschied" entstehen Gedichte wie das „Mailied" („Wie herrlich leuchtet/Mir die Natur!"), „Mit einem gemalten Band" („Kleine Blumen, kleine Blätter/Streuen mir mit leichter Hand") oder das „Heidenröslein" („Sah ein Knab ein Röslein stehn") – für die Literaturwissenschaft der Beginn einer neuen lyrischen Epoche.

Aber, ach, der Dichter verliert schon bald das Interesse. Ihm ist klar, dass Friederike von einer Heirat träumt. Doch dieses Naturmädchen vom Lande kann wohl kaum eine adäquate Gattin für das weltläufige Genie sein – und ohnehin kei-

Friederike Brion

ne standesgemäße Partie für einen Patriziersohn. Im August 1771 verabschiedet er sich von ihr, traut sich allerdings nicht, ihr ins Gesicht zu sagen, dass es endgültig aus ist; das teilt er ihr ein paar Tage später brieflich mit.

Friederike kann die Enttäuschung lange nicht verwinden. Vielleicht nie – jedenfalls bleibt sie unverheiratet. Sie lebt unauffällig in verschiedenen Pfarrhäusern der Verwandtschaft, bis sie am 3. April 1813 stirbt. Die Welt nimmt erst Notiz von ihr, nachdem Goethe die romantische Liebesgeschichte in „Dichtung und Wahrheit" schildert. Da aber außer Goethes knapper Darstellung fast keine Aufzeichnungen existieren, ranken sich seither zahllose Spekulationen und Legenden um diese Frau und ihre so glückliche, so unglückliche Liebe.

Allerliebster Stern

Und so beschreibt Goethe die erste Begegnung mit Friederike Brion: „In diesem Augenblick trat sie wirklich in die Türe; und da ging fürwahr an diesem ländlichen Himmel ein allerliebster Stern auf. Ein kurzes weißes rundes Röckchen, nicht länger, als dass die nettesten Füßchen bis an die Knöchel sichtbar blieben; ein knappes Mieder und eine schwarze Schürze – so stand sie auf der Grenze zwischen Bäuerin und Städterin. Schlank und leicht, als wenn sie nichts an sich zu tragen hätte, schritt sie und beinahe schien für die gewaltigen blonde Zöpfe des niedlichen Köpfchens der Hals zu zart. Aus heiteren blauen Augen blickte sie sehr deutlich umher, und das artige Stumpfnäschen forschte so frei in die Luft, als wenn es in der Welt keine Sorge geben könnte."

Blutige Demo fürs Frauenwahlrecht

Als am 3. März 1913 über 8000 Frauen in weißen Kostümen zum Weißen Haus in Washington marschieren, um das Frauenwahlrecht zu fordern, gehen zwei Christinnen vorweg: Lucy Burns, die einer irisch-katholischen Familie entstammt, und die Quäkerin Alice Paul.

Die 33 Jahre alte Lehrerin Lucy Burns kommt aus New York, hat an der renommierten Universität in Yale studiert, außerdem in Berlin, Bonn und Oxford. Alice Paul, 28, auf dem Land in New Jersey aufgewachsen, hat Sozialarbeit und Soziologie studiert, unter anderem in New York, Birmingham und London. In England haben sich Lucy und Alice kennengelernt und Freundschaft geschlossen.

Und beide haben die Arbeit der englischen Suffragetten (abgeleitet von „suffrage", zu Deutsch „Wahl") um Emmeline Pankhurst aus nächster Nähe erlebt. Die radikalen englischen Frauenrechtlerinnen demonstrieren nicht nur und rauchen in der Öffentlichkeit, was eigentlich nur Männer dürfen, sie werfen auch Schaufenster von Kaufhäusern ein und zünden Gebäude an.

Zurück in den Vereinigten Staaten, treten Lucy Burns und Alice Paul 1910 zwar der US-Schwesterorganisation bei, der „National American Women Suffrage Association" (NAWSA).

Führende Suffragetten: Lucy Burns 1879-1966 (l.) und Alice Paul 1885-1977

Aber sie empfinden deren Strategie als zu zahm, weil sie bloß auf Verhandlungen und Eingaben setzt. Außerdem will die NAWSA das Frauenwahlrecht zunächst in den einzelnen Bundesstaaten verwirklichen und erst danach auch bundesweit.

Nein, es muss gleich eine Verfassungsänderung auf Bundesebene her, sagen Burns und Paul. Sie gründen dafür eine eigene Organisation – anfangs innerhalb der NAWSA, später wird daraus eine nationale und ab 1930 sogar eine weltweite Frauenpartei. Gewalttätig wollen sie nicht werden, aber ihre Forderungen laut und selbstbewusst verkünden. Als Gespräche mit dem gerade zum US-Präsidenten gewählten Woodrow Wilson nichts bringen, rufen sie zur Suffragettenparade nach Washington – am Tag vor Wilsons Amtseinführung.

Die Demonstration endet blutig. Wütende Zuschauer greifen die auch in der Bevölkerung unbeliebten Frauenrechtlerinnen an. Einige werden krankenhausreif geprügelt, während die Polizei untätig zuschaut. Immerhin: Die Presse greift den

Lucy Burns & Alice Paul

Skandal auf. Berichtet ab jetzt über die Mahnwachen, Hungerstreiks und Paraden der Suffragetten – und darüber, dass ihre Anführerinnen immer wieder verhaftet werden. 1917 werden gar drei Dutzend Aktivistinnen, unter ihnen Lucy und Alice, in ein Frauengefängnis gesteckt, misshandelt und brutal zwangsernährt, als sie einen Hungerstreik beginnen. Alice soll für geistesgestört erklärt werden.

Die Berichte der Zeitungen sorgen für einen Stimmungsumschwung. Der Druck auf die Politik wächst. Und im August 1920 wird in den USA das Frauenwahlrecht eingeführt.

Nach diesem Erfolg zieht Lucy Burns sich zurück, betreut ihre Nichten und Neffen und engagiert sich stark in ihrer katholischen Kirchengemeinde. Alice Paul kämpft weiter für die vollständige Gleichberechtigung der Frauen.

Hinter Gittern

Lucy Burns hält den zweifelhaften Rekord für Verurteilungen und Inhaftierungen im Kampf um das Frauenwahlrecht. Keine andere bekannte Suffragette saß öfter im Gefängnis als sie – sechsmal musste sie hinter schwedische Gardinen, meistens allerdings nur für drei Tage, einmal allerdings für immerhin zwei Monate.

Unkompliziert

Recht lakonisch stellt Alice Paul 1972 in einem Interview fest: „Ich habe nie bezweifelt, dass die Gleichberechtigung der richtige Weg sei. Die meisten Reformen und Probleme sind kompliziert. Aber für mich hat einfache Gleichheit nichts Kompliziertes."

Das schwarze Schaf der frommen Herde

Ein „sanftes schwarzes Schaf" nannte sie sich selbst beim Abschied aus dem Zentralkomitee der deutschen Katholiken. In der Tat: Marianne Dirks war in den offiziellen Kirchenstrukturen zu Hause und nahm zugleich die Kritiker der amtlichen Kirche sehr, sehr ernst.

Marianne Ostertag wird am 26. August 1913 als Tochter einer katholischen Mutter und eines evangelischen Vaters geboren. Sie wächst in Freiburg auf, macht hier Abitur und wird Musiklehrerin. Immer wieder bricht sie zum damals wohl wichtigsten Ort der katholischen Jugendbewegung auf: Burg Rothenfels, geleitet vom Theologen Romano Guardini. Die Gottesdienste, die auf der unterfränkischen Jugendburg gefeiert werden, berühren sie tief.

So lernt sie auch einen engen Mitarbeiter Guardinis kennen, den zwölf Jahre älteren Theologen und Journalisten Walter Dirks. Die beiden heiraten 1941. Nach dem Krieg wird Walter Dirks als Mitherausgeber der kulturpolitischen Zeitschrift „Frankfurter Hefte" und als Hörfunkredakteur zu einem der einflussreichsten linkskatholischen Publizisten der Bundesrepublik.

Marianne Dirks bringt vier Töchter zur Welt, beschränkt sich aber nicht auf ein Dasein als Hausfrau und Mutter, son-

Sie weckte die katholischen Frauen aus ihrer Passivität: Marianne Dirks 1913-1993

dern engagiert sich höchst tatkräftig und höchst zeitaufwendig in der kirchlichen Frauenarbeit. Schon 1951 wird sie sogar Präsidentin des bundesdeutschen „Zentralverbandes der katholischen Frauen- und Müttergemeinschaften". Auf damals typische Weise: Generalpräses Prälat Hermann Klens beruft sie einfach kommissarisch ins Amt und lässt die Entscheidung später durch eine Wahl, die nur mehr Formsache ist, absegnen.

Ähnlich läuft es an der Basis: Pfarrer gründen und leiten „Müttervereine", die nur Verheiratete aufnehmen. In Städten hingegen entstehen „Frauengemeinschaften", von Frauen ins Leben gerufen. Marianne Dirks versucht, „die vielen treuen und frommen, aber noch ganz passiven Frauen in den Gemeinden wach zu machen für ein bewusstes Christentum". Die Frauengruppen dürfen keine „Kaffeekränzchen" sein, findet sie; Bildungsarbeit soll an erster Stelle stehen, nicht nur religiöse, sondern auch gesellschaftliche, erzieherische, politische. Mit der Umbenennung des Zentralverbandes in Katholische Frauengemeinschaft Deutschlands (kfd) 1968 – in dem auch nicht verheiratete Frauen willkommen sind – wird das neue Selbstverständnis auch nach außen deutlich.

Marianne Dirks steht bis 1972 an der Spitze der kfd, sitzt ebenso lange im Zentralkomitee der deutschen Katholiken und gehört der Würzburger Synode (1971-1975) an. Aber eine ehrenamtliche „Berufskatholikin" oder eine „Gremienstute" wird sie nie. Sie hält Kontakt zu den linken und den grünen Katholiken und denen von unten und den friedensbewegten. Sie befürwortet den Frauendiakonat und die Zulassung von geschiedenen Wiederverheirateten zu den Sakramenten. Sie ist aber auch dafür, die Konflikte im geduldigen Dialog auszutragen und „nicht mit der Holzhammermethode".

In ihrer Wahlheimat Wittnau nahe Freiburg stirbt Marianne Dirks am 16. Oktober 1993. In den letzten beiden Jahrzehnten ihres Lebens ist sie in eher progressiven Gruppen aktiv, zum Beispiel in der „Ökumenischen Initiative Eine Welt". Aber in Wittnau spielt sie die Orgel, gründet mit über 72 Jahren eine kfd-Gruppe und arbeitet neun Jahre im Pfarrgemeinderat mit. Das schwarze Schaf bleibt der Herde treu.

Einsatz und Geduld

Das Zweite Vatikanische Konzil (1962-1965) hat Marianne Dirks engagiert begleitet. Die Umsetzung der Konzilsbeschlüsse, das ist ihr klar, würde ein langer und mühsamer Prozess sein: „Wir müssen beides lernen und einüben: die Erneuerung glühend zu wünschen, uns unermüdlich und unbeirrbar für sie zu engagieren; aber auch Geduld zu haben."

Dieses Weib schweigt ganz gewiss nicht

Die Frau, die das SPD-Parteiorgan 1912 die „bedeutendste Frau der Gegenwart" nennt, ist katholisch, im Waisenhaus aufgewachsen, behindert. Diese Hedwig Dransfeld ist eine charismatische Persönlichkeit. Als Rednerin vermag ihr kaum wer das Wasser zu reichen.

Ihre mitreißende Ansprache beim ersten deutschen Frauenkongress in Berlin ist es denn auch, die den „Vorwärts" zum höchstmöglichen Lob veranlasst. Im selben Jahr übernimmt Hedwig Dransfeld den Vorsitz des Katholischen Frauenbundes, heute Katholischer Deutscher Frauenbund (KDFB). Bei ihrem Amtsantritt verzeichnet die Gemeinschaft 36 000 Mitglieder; als sie 1925 stirbt, gehören dem Verband 240 000 Frauen an.

In einem abgelegenen Forsthaus bei Dortmund kommt Hedwig am 24. Februar 1871 zur Welt. Vater und Mutter sterben früh; die Großmutter nimmt sie zu sich, nach deren Tod kommt Hedwig ins Waisenhaus. Das Mädchen ist außerordentlich begabt und darf schon mit 16 die Ausbildung zur Lehrerin beginnen. Drei Jahre später besteht sie ihr Abschlussexamen mit Auszeichnung – auf dem Krankenbett. Denn sie ist an Knochentuberkulose erkrankt, so schwer, dass schließlich der linke Arm amputiert werden muss.

Eine begnadete
Rednerin:
Hedwig Dransfeld
1871-1925

Sie lässt sich nicht entmutigen, im Gegenteil. An der Mädchenschule des Ursulinenordens im westfälischen Werl fängt sie als Hilfslehrerin an, steigt schnell zur Lehrerin und zur Schulleiterin auf. Eher ein Brotberuf, denn ihre Passion ist das Schreiben. Sie veröffentlicht Gedichte, Erzählungen, Artikel. Unter anderem publiziert sie in der Caritas-Zeitschrift „Die christliche Frau". 1905 übernimmt sie die Redaktion des Blattes, im Jahr darauf hält sie ihr erstes großes Referat beim Deutschen Caritastag in Dortmund.

Sie kann beides, stellt sie fest: überzeugend schreiben und fesselnd reden. Als „Die christliche Frau" zur Zeitschrift des Frauenbundes wird, hat sie ihre Lebensaufgabe gefunden: die katholische Frauenbewegung, namentlich die Frauenbildung und -politik. Unermüdlich reist sie durch die Lande, um Frauen aller Schichten für den Frauenbund zu gewinnen. Der Erste Weltkrieg bewegt sie zudem zum leidenschaftlichen Einsatz für den Frieden. Auf ihre Initiative geht der Bau der Frau-

Hedwig Dransfeld

enfriedenskirche zurück, die sie eigentlich in Marburg errichten lassen möchte, die dann aber nach ihrem Tod in Frankfurt entsteht.

Nach dem Krieg zieht Hedwig Dransfeld für die katholische Zentrumspartei in die Weimarer Nationalversammlung und in den Deutschen Reichstag ein. Die tödliche Krankheit setzt ihrer Karriere und ihrem Leben ein frühes Ende. Im Werler Ursulinenkloster stirbt sie am 13. März 1925, ganze 54 Jahre alt. Als von vielen bewunderte Frau. Marianne Pünder, ihre Sekretärin und spätere Biografin, erinnert sich an eine Äußerung ihres Vaters, dass spätestens mit Hedwig Dransfeld der Satz nicht mehr gelte: „Mulier taceat in ecclesia". Das Weib schweige in der Kirche? Nein. Nicht mit Hedwig Dransfeld.

Auf Traumeswogen

„Mittagszauber" ist der Titel eines der Gedichte von Hedwig Dransfeld. Daraus diese drei Strophen:

Goldstaub die Luft! – Der stille Park verträumt,
Die Rosen schwer, vom eignen Dufte trunken,
Und jeder Halm von weißem Licht umsäumt,
Und selbst das Erlenlaub in Schlaf versunken.

In meiner Seele wird es licht und weit,
Ein Schwanken ist's, ein selig Untergehn ...
Des Sommertags verlor'ne Einsamkeit
Fühl ich wie gold'ne Nebel mich umwehn.

Noch sieht mein Aug' ein fallend Rosenblatt,
Ein Wasserhuhn ist taumelnd aufgeflogen.
Ich sinke hin – so still und traumesmatt
Und treibe steuerlos auf Traumeswogen.

Die wagemutige Friedensstifterin

Die Heere sind schon aufmarschiert, da reitet eine unbewaffnete Frau zwischen die Fronten und verhindert die Schlacht.
Gleich zweimal, besagen die Legenden, soll die heilige Elisabeth von Portugal durch derart wagemutiges Einschreiten Kriege unterbunden haben.

Ihren Taufnamen erhält Elisabeth – oder Isabella von Aragon – nach ihrer Großtante: der heiligen Elisabeth von Thüringen (1207–1231). Beider Lebensläufe ähneln einander und auch die Legendenbildung überlagert sich. Wie schon ihrer Großtante wird Elisabeth von Portugal ein Rosenwunder zugeschrieben: Als sie Hungernden heimlich Brote, in ihrer Schürze verborgen, bringen will, wird sie angehalten und muss die Schürze öffnen – sie ist voller Rosen, und das im Winter.

Elisabeth ist Tochter des Königs von Aragon in Nordostspanien. Mit kaum zwölf Jahren wird die Prinzessin 1282 mit Portugals König Dionysius verheiratet. Ein bedeutender Monarch, der unter anderem die Konflikte mit dem Nachbarkönigreich Kastilien und mit dem Papst beilegt und für eine Blüte des Handels und der Landwirtschaft sorgt. Seine Gattin freilich behandelt er wenig edel; er überwacht sie mit übertriebener Eifersucht, während er sich selbst zahlreiche

Königin und
Franziskanerin:
Elisabeth
von Portugal
1271-1336

Geliebte gönnt und mit ihnen mindestens sieben Kinder zeugt. Elisabeth bringt die innere Stärke auf, sich nicht nur um die beiden eigenen, sondern auch um die unehelichen Kinder ihres Mannes zu kümmern.

Sie ist außerdem eine große Wohltäterin, die ihr Vermögen einsetzt, um Spitäler und Armenhäuser zu gründen und Kirchen und Klöster zu unterstützen. Sie näht eigenhändig Kleider für Bedürftige und besucht Kranke. Der hilfsbereiten und frommen Königin werden im Volk alsbald auch Wunderkräfte zugeschrieben; beispielsweise soll sie eine mit Eiterbeulen übersäte alte Frau durch ihre Umarmung gesund gemacht haben.

Früh wünscht sie sich, eines Tages das prunkvolle Dasein bei Hofe mit dem Klosterleben tauschen zu können. Nach dem Tod ihres Manns im Jahr 1325 ist es so weit: Sie zieht sich in eine franziskanische Gemeinschaft nach Coimbra zurück, 200 Kilometer nördlich von Lissabon.

Elisabeth von Portugal

Schon während der gut vier Jahrzehnte als portugiesische Königin hat sie die friedenspolitischen Bemühungen ihres Mannes unterstützt – vermutlich nicht unbedingt mit Einsätzen hoch zu Ross, sondern eher im Hintergrund, aber ausgesprochen wirkungsvoll. Und nachdem sie schon einmal einen drohenden Krieg zwischen ihrem Mann und ihrem Sohn Alfons verhindert hat, ist sie am Ende ihres Lebens noch einmal als Friedensstifterin gefragt: Portugal und Kastilien greifen zu den Waffen und die kranke Elisabeth reist rund 300 Kilometer gen Süden zur Königsburg im Städtchen Estremoz. Tatsächlich gelingt ihr auch diesmal die Schlichtung.

Entkräftet befällt sie kurz darauf ein heftiges Fieber. In Estremoz stirbt sie am 4. Juli 1336.

Feinde versöhnen

Am Festtag der heiligen Elisabeth von Portugal sieht die Liturgie dieses Tagesgebet vor: „Gott, du Ursprung der Liebe und des Friedens, du hast der heiligen Königin Elisabeth von Portugal die Gnade verliehen, Feinde miteinander zu versöhnen. Auf ihre Fürbitte lehre auch uns, Frieden zu stiften, damit wir uns als deine Kinder erweisen. Darum bitten wir durch Jesus Christus. Amen."

Kinder, Küche, Kirche – und Karriere

Ihren kecken Lockenkopf – in violett gezeichnet – kennt fast jeder: Er ziert die knapp zwei Milliarden Exemplare der 1987 erschienenen 60-Pfennig-Briefmarke der Serie „Frauen der deutschen Geschichte". Dorothea Christiane Erxleben war die erste deutsche Ärztin mit Doktortitel.

Der 12. Juni 1754 ist der Tag der feierlichen Promotion. Die angesehene Frau Pastorin Erxleben darf sich nun offiziell Frau Doktor nennen, legt den ärztlichen Eid ab und hält eine glänzend formulierte Dankesrede in lateinischer Sprache. Das historische Ereignis bedeutet freilich keineswegs den Durchbruch in Sachen akademischer Bildung des weiblichen Geschlechts: Während der folgenden 150 Jahre werden in deutschen Landen kaum ein Dutzend Frauen den Doktorgrad erlangen – und erst ab Ende des 19. Anfang des 20. Jahrhunderts dürfen sich Frauen an Universitäten einschreiben.

Dass es ein „großes Unrecht" sei, die Frauen des „herrlichen und kostbaren Gegenstandes" der Gelehrsamkeit zu berauben, schreibt die noch unverheiratete Dorothea Leporin schon 1740. Am 13. November 1715 in Quedlinburg im nördlichen Harzvorland als Tochter eines Arztes geboren, ist Dorothea da bereits eine „praktische Ärztin": Jahrelang hat sie ihrem Vater

Erste Medizinerin
mit Doktorhut:
Dorothea Erxleben
1715-1762

assistiert, beim Rektor der Ratsschule privat Latein gelernt und sich weitere Fachkenntnisse an einer Akademie für Kinder mitteloser Eltern angeeignet – die Patienten kommen zu ihr, weil sie ihr Fach beherrscht, auch ohne Titel.

Den will sie aber unbedingt und bittet den jungen König Friedrich II. um die Erlaubnis, an der Uni Halle ihr Examen machen zu dürfen. Der König gibt grünes Licht. Doch dann stirbt eine Cousine – und Dorothea heiratet deren Witwer, den evangelischen Geistlichen Johann Christian Erxleben. Sie zieht zu ihm und seinen fünf Kindern ins Pfarrhaus der Quedlinburger St.-Nicolai-Gemeinde. Vier eigene Kinder bringt sie zur Welt, von denen eins früh stirbt. Sie bewältigt nicht nur den Haushalt, die Kindererziehung und ihre Pflichten als Pastorengattin, sondern behandelt auch zahlreiche Patienten, aus christlicher Nächstenliebe oft kostenlos.

Laut Gesetz jedoch darf sie ohne staatliche Zulassung nicht praktizieren. Und als sich einige Quedlinburger Ärzte über die

Dorothea Erxleben

angebliche „Pfuscherei" der Konkurrentin beschweren, halst sich die just zum vierten Mal Schwangere eine weitere Belastung auf: Sie schreibt ihre Dissertation. In der sie übrigens – beherzigenswert bis heute – empfiehlt, dem Verlangen der Patienten nach möglichst rascher Heilung nicht stattzugeben; sie warnt vor übermäßigem Einsatz von Medikamenten und setzt sehr auf die Selbstheilungskräfte des Körpers.

Im Januar 1754 reicht sie die Arbeit ein, im Mai besteht sie souverän das Examen, ab Juni praktiziert sie als erste promovierte deutsche Ärztin. Eine lange Karriere ist ihr allerdings nicht beschieden. Mit 47 Jahren stirbt sie am 13. Juni 1762 an einer Krankheit, die zu ihrer Zeit als unheilbar gilt: Brustkrebs.

Großes Unrecht

1740 veröffentlicht Dorothea Erxleben die Schrift „Gründliche Untersuchung der Ursachen, die das weibliche Geschlecht vom Studieren abhalten". Darin heißt es: „Die Verachtung der Gelehrsamkeit zeigt sich besonders darin, dass das weibliche Geschlecht vom Studieren abgehalten wird. Wenn etwas dem größten Teil der Menschheit vorenthalten wird, weil es nicht allen Menschen nötig und nützlich ist, sondern vielen zum Nachteil gereichen könnte, verdient es keine Wertschätzung, da es nicht von allgemeinem Nutzen sein kann. So führt der Ausschluss vieler von der Gelehrsamkeit zu ihrer Verachtung. Dieses Unrecht ist ebenso groß wie dasjenige, das den Frauen widerfährt, die dieses herrlichen und kostbaren Gegenstandes beraubt werden."

Hoch geehrt und heftig gescholten

Literaturpreise, staatliche Ehrenzeichen, päpstlicher Silvesterorden – der österreichischen Schriftstellerin Gertrud Fussenegger wurde hohe Anerkennung zuteil. Und doch blieb sie zeitlebens umstritten, weil sie als junge Frau allzu begeistert von den Nazis war.

Eine Woche vor ihrem 21. Geburtstag tritt die Studentin Gertrud Fussenegger 1933 der österreichischen NSDAP bei. Ein Jahr später handelt sie sich eine Geldstrafe ein, weil sie bei einer Demonstration in Innsbruck den Hitlergruß darbietet und das „Horst-Wessel-Lied" schmettert. In Jubelgedichten feiert sie 1938 den „Anschluss" Österreichs ans Deutsche Reich.

Später wird sie eingestehen, während dieser Zeit „ideologischer Süchtigkeit erlegen zu sein". Sie habe „viele gute Gedanken verschwendet", bedauert sie, „auf eine Sache, die dann ein Gräuel war". Nicht alle mögen der Autorin die Verirrung der frühen Jahre nachsehen – trotz des überaus achtenswerten und umfangreichen Nachkriegswerks, das Gertrud Fussenegger bis zu ihrem Tod am 19. März 2009 folgen lässt.

Romane, Erzählungen, Hörspiele, Biografien, Theaterstücke, Krimis, Kinderbücher, Essays, Gedichte – die ganze Bandbreite literarischer Formen findet sich in den über

Umstrittene
Autorin:
Gertrud
Fussenegger
1912-2009

60 Büchern. Als Hauptwerk kann die „Böhmische Trilogie" gelten; die drei Romane „Die Brüder von Lasawa", „Das Haus der dunklen Krüge" und „Das verschüttete Antlitz" werden auch international erfolgreich.

Fussenegger verarbeitet sehr oft historische Stoffe, was mit ihrer Ausbildung zu tun hat. Am 8. Mai 1912 als Tochter eines österreichisch-ungarischen Offiziers in Pilsen geboren, studiert sie in Innsbruck und München Geschichtswissenschaft, Kunstgeschichte und Philosophie, wird 1934 zur Dr. phil. promoviert.

Kennzeichnend für ihr Werk sind außerdem christliche Themen. „Bibelgeschichten" aus dem Alten und Neuen Testament erzählt sie für Kinder nach; in „Pilatus" stellt sie den Prozess Jesu szenisch dar; stark religiös geprägt sind etwa der Krimi „Die Pulvermühle" und der Roman „Zeit des Raben, Zeit der Taube". Solche Bücher machen sie zu einer der wichtigsten katholischen Autorinnen des 20. Jahrhunderts.

Gertrud Fussenegger

Dabei geht sie durchaus nicht unkritisch mit der Institution Kirche um. Und muss in ihrem Privatleben mit dem Los einer wiederverheirateten Geschiedenen umzugehen lernen: Von ihrem ersten Mann, dem Bildhauer Elmar Dietz, trennt sie sich Anfang der 1940er Jahre, lässt sich 1947 von ihm scheiden. Bildhauer ist auch ihr zweiter Mann Alois Dorn, den sie 1950 – standesamtlich – heiratet. Bis zu dessen Tod 1985 ist sie damit vom Empfang der Sakramente ausgeschlossen. Das habe sie als „tief schmerzlich" empfunden, sagt sie später, fügt aber einige ungewöhnliche Sätze hinzu: „Nur so ist mir die ganze Kostbarkeit der Eucharistie bewusst geworden. Ich kann es nicht bedauern, dass ich in jener Zeit oft bittere Tränen vergossen habe. Genau genommen war ich beschenkt durch das Verbot."

Ehrungen zuhauf

Gertrud Fussenegger erhält Dutzende von Auszeichnungen. Hier eine Auswahl:
Adalbert-Stifter-Preis (1951 und 1963), Johann-Peter-Hebel-Preis (1969), Andreas-Gryphius-Preis (1972), Humboldt-Plakette (1979), Österreichisches Ehrenzeichen für Wissenschaft und Kunst (1981), Konrad-Adenauer-Preis (1983, von ihr abgelehnt), Bundesverdienstkreuz 1. Klasse (1984), Weilheimer Literaturpreis (1993), Jean-Paul-Preis (1993), Großes Goldenes Ehrenzeichen mit dem Stern für Verdienste um die Republik Österreich (2002), Komturkreuz mit Stern des päpstlichen Silvesterordens von Papst Benedikt XVI. (2007).

Eine etwas überspannte Konvertitin

Fronleichnamsprozession 1865 in Mainz: Dicht vor dem Baldachin, darunter der Bischof mit der Monstranz, tänzelt eine Nonne, den Rosenkranz betend, die Augen aufs Allerheiligste gerichtet, also rückwärts, den ganzen langen Weg bis zum Dom. Wer ist diese merkwürdige Gestalt?

Sie heißt Ida Gräfin Hahn-Hahn und ist, wenn man so will, die Gründerin des heute größten deutschen Frauenverbandes: der Katholischen Frauengemeinschaft Deutschlands, kurz kfd.

Die Dame ist, obwohl sie sich so kleidet, gar keine Ordensfrau. Sie ist geschieden, Mutter mindestens eines Kindes, hat eine „wilde Ehe" und die eine oder andere Affäre hinter sich. Und zählt zu den erfolgreichsten Bestsellerautorinnen des 19. Jahrhunderts.

Ida Marie Louise Sophie Friederike Gustave Gräfin von Hahn kommt am 22. Juni 1805 in Tressow in der Mecklenburgischen Schweiz zur Welt. Der Vater bringt das Familienvermögen durch; die Mutter verlässt ihn und lebt mit ihren Kindern in bescheidenen Verhältnissen – eine solide Bildung kann sie ihnen nicht ermöglichen. Mit 21 wird Ida deshalb zur Hochzeit mit ihrem wohlhabenden Vetter Friedrich Hahn genötigt – seither verwendet sie den Doppelnamen Hahn-

Ida Gräfin Hahn-Hahn

Hahn. Das Paar bekommt eine Tochter namens Antonie, die geistig behindert ist. Ida gibt sie in Pflege, als Friedrich sich von ihr scheiden lässt.

Sie hat unterdessen den Mann ihres Lebens gefunden: Adolf Freiherr von Bystram. Mit ihm bereist sie halb Europa und den Orient. Ihre Reiseberichte finden ein großes Publikum, ebenso ihre gefühlvollen Gedichte und ihre Romane, die in Adelskreisen spielen und die Damen der besseren Gesellschaft begeistern.

Die Revolution von 1848 und der Tod ihres Geliebten 1849 lösen eine tiefe persönliche Krise aus. In der sich die protestantische Gräfin dem katholischen Glauben zuwendet, was großes Aufsehen erregt. Die Kirche stellt der prominentesten deutschen Schriftstellerin einen fähigen geistlichen Begleiter zur Seite: Wilhelm Emmanuel von Ketteler. Der Propst der Hedwigskathedrale in Berlin reicht ihr 1850 die erste heilige Kommunion und spendet ihr im Jahr darauf, inzwischen als Bischof von Mainz, das Sakrament der Firmung.

Ida Gräfin Hahn-Hahn schreibt hinfort nur noch Religiöses: fromme Romane, Heiligenlegenden, Besinnungstexte – eine ganz von missionarischem Glaubenseifer durchdrungene Konvertitin. Ihr Verhalten bei der eingangs geschilderten Fronleichnamsprozession dürfte allerdings mehr damit zu tun haben, dass die Gräfin schon von klein auf als exzentrisch, selbstverliebt und überspannt gilt; eine Künstlernatur eben.

So verwundert es wenig, dass die Schwestern vom Guten Hirten im französischen Angers ihre Bewerbung um Aufnahme in den Orden ablehnen, da es ihr „an wahrer Demut" fehle. Dennoch finanziert die Erfolgsautorin einen Klosterneubau der Schwestern in Mainz und lebt dort, ohne selbst Mitglied des Ordens zu sein, bis zu ihrem Tod am 12. Januar 1880.

„Großmutter"
der Katholischen
Frauengemein-
schaft: Ida Gräfin
Hahn-Hahn
1805-1880

In Frankreich sind um 1850 auch die ersten „Bruderschaften der christlichen Mütter" entstanden. Ein deutscher Ableger – aus ihm entwickeln sich die Frauen- und Müttervereine, die ab 1968 als kfd firmieren – entsteht zehn Jahre später in Mainz. Bischof von Ketteler übernimmt die geistliche Leitung. Die erste Vorsteherin heißt: Ida Gräfin Hahn-Hahn.

Geist und Gefühl

In der literarischen Welt ist die Erfolgsautorin Ida Hahn-Hahn umstritten. Die meisten Kritiker bewerten ihre Romane als handlungsarm und sentimental. Deren Heldin ist für gewöhnlich eine sehr intelligente und enorm gefühlsstarke Frau, die mit ihrer Energie und Geisteskraft die Zwänge der Konventionen überwindet. Sprich: Die Autorin porträtiert sich selbst – oder das Bild, das sie von sich hat.

Sie war ein tadelloser Ordensmann

Mit gerade einmal 18 Jahren stirbt am 20. April 1188 im Zisterzienserkloster Schönau im Odenwald ein Novize namens Joseph. Als man den Leichnam entkleidet, kommt eine faustdicke Überraschung zutage: Der junge Mann ist in Wirklichkeit eine junge Frau.

Eine ebenso erstaunliche wie erschreckende Entdeckung – schließlich ist es streng verboten, eine Frau auch nur besuchsweise ins Männerkloster einzulassen. Wie hat diese Frau ungefähr ein Jahr lang den Mitbrüdern ihr wahres Geschlecht verheimlichen können? Wie ist sie überhaupt auf die Idee verfallen, „Ordensmann" zu werden?

Hildegunde – so nämlich lautet ihr tatsächlicher Name – ist die Tochter des Edelherrn Harper von Helpenstein. In Helpenstein an der Erft, heute ein Stadtteil von Neuss, kommen sie und ihre Zwillingsschwester Agnes im März 1170 zur Welt. Mit etwa zehn Jahren werden beide in ein Frauenkloster ins nahe Büderich geschickt, wo sie eine gute Erziehung erhalten sollen.

Nach dem frühen Tod der Mutter macht sich der Vater im Frühjahr 1183 zu einer Pilgerfahrt nach Jerusalem auf, begleitet von einem Diener – und von Hildegunde. Jetzt bereits beginnt laut Überlieferung ihre „Laufbahn" als Mann: Um

Hildegunde von Schönau

während der gefahrvollen Reise möglichst unbehelligt zu bleiben, legt sie Männerkleider an und nennt sich Joseph.

Während der Fahrt übers Mittelmeer erkrankt der Vater und stirbt. Und in Palästina macht sich auch noch der Diener mit der Reisekasse aus dem Staub. Hildegunde alias Joseph muss sich allein durchschlagen. Wohl mit der Hilfe eines Domherrn aus Köln gelingt ihr die Rückkehr ins Heimatland.

Bis hierhin scheint Hildegunds Lebensgeschichte halbwegs gesichert, nun beginnt die Legende. Nach wie vor in der Rolle des Joseph sendet das Kölner Domkapitel Hildegunde 1184 angeblich in geheimer Mission nach Rom. Schon in der Nähe von Augsburg gerät sie in Verdacht, einen Diebstahl begangen zu haben. Ihre Unschuld beweist sie, indem sie barfuß über ein glühendes Eisen schreitet. Der wahre Täter wird entdeckt und hingerichtet, doch dessen Verwandte rächen sich und hängen nun sie an den Galgen. Als man sie abschneidet, hält man sie für tot, aber da erscheint ein Engel auf einem Pferd und reitet mit der lediglich Bewusstlosen durch die Luft gen Verona. Sie erfüllt ihren Auftrag und kehrt glücklich zurück.

Nun kommt sie – immer noch als Joseph – bei einer Verwandten in Speyer unter, besucht dort eine Schule und lernt einen Zisterzienser aus Schönau kennen, der ihr den Eintritt in sein Kloster empfiehlt. Ist sie in ihre Rolle inzwischen derart hineingewachsen, dass sie sie nicht mehr ablegen will oder kann? Sieht sie das Leben in einem Männerkloster als ganz besondere körperliche und/oder religiöse Herausforderung?

Wie dem auch sei: Hildegunde geht nach Schönau und führt ein tadelloses, vorbildliches Ordensleben. Dessen Strapazen – und die zuvor erlittenen – setzen ihr allerdings schwer zu und führen zu ihrem frühen Tod. Bald schon gilt sie als Heilige.

Kniend bittet sie um Aufnahme in Schönau: Hildegunde 1170-1188

Edel im Glauben

Die ältesten Aufzeichnungen über das Leben der Hildegunde stammen von Zisterziensermönch Engelhard von Langheim. Wörtlich schreibt er: „Edel war sie von Geburt, noch edler im Glauben, schön von Angesicht, noch schöner durch ihren Lebenswandel!" Vor allem im 12. und 13. Jahrhundert greifen zahlreiche Dichter und Geschichtsschreiber den Stoff auf. Zwar ist ihr Grab, das in den Ruinen der Klosterkirche von Schönau vermutet wird, nicht entdeckt, überliefert aber ist die Inschrift des Grabsteins: „Jedermann möge sich wundern, was der Mensch hier getan hat, dessen Staub und Gebein dieses Grab birgt. Im Leben war sie scheinbar ein Mann, aber im Tod strahlt sie als Frau. Das Leben brachte die Täuschung hervor und der Tod widerlegte die Täuschung. Hildegundis hieß sie. Im Buche der Weisheit ist sie verzeichnet."

Der Charme der putzigen Kinderbilder

Putzig, rundlich, niedlich – die Kinderzeichnungen der Berta Hummel und die nach ihren Entwürfen gefertigten Figuren wurden zum Welterfolg. Das künstlerische Schaffen der Maria Innocentia, wie sie seit ihrem Ordenseintritt hieß, ist allerdings weit vielfältiger.

Von klein auf bemalt Berta Hummel jedes Blatt Papier, das ihr in die Finger kommt. Am 21. Mai 1909 als drittes von sieben Kindern einer Kaufmannsfamilie im niederbayerischen Massing geboren, genießt Berta auf der katholischen höheren Mädchenschule der Englischen Fräulein in Simbach am Inn einen ausgezeichneten Kunstunterricht. Folgerichtig studiert sie anschließend an der Staatsschule für Angewandte Kunst in München. Die Abschlussprüfung besteht sie im März 1931 mit einer „Eins". Und geht im April ins Kloster.

Die Entscheidung der kaum 22-Jährigen stößt im Bekanntenkreis auf einiges Befremden. Aber die tief gläubige junge Frau ist überzeugt, dass sie bei den Franziskanerinnen im oberschwäbischen Sießen beide Berufungen verwirklichen kann: die für Gott und die für die Kunst.

Und tatsächlich darf sie in der Paramentenwerkstatt Vorlagen für Fahnen und Messgewänder entwerfen und in der

Künstlerin und
Ordensfrau:
Maria Innocentia
Hummel
1909-1946

katholischen Schule des Nachbarorts Zeichenunterricht erteilen. Die Fleißkärtchen, mit denen sie ihre Schüler belohnt, zeichnet sie selbst. Kinder zeichnet sie: Kinder beim Spielen, beim Blumenpflücken, auf dem Schulweg, unterm Regenschirm. Nicht nur ihre Schüler lieben diese etwas süßlich-idyllischen Bildchen; bald schon werden sie gedruckt und eine Porzellanfabrik beginnt mit der Fertigung von farbig glasierten Kleinplastiken, die nach den Zeichnungen modelliert werden.

Im Studium hat Berta Hummel Porträts, Stillleben, Akte und Stadtansichten gemalt, Karikaturen gezeichnet, Drucke und Stoffmuster gestaltet; Schwester Maria Innocentia zeichnet und malt zahlreiche religiöse Darstellungen. Das große Publikum allerdings interessiert sich fast ausschließlich für die Kinderbilder. Sie werden rund um den Erdball vertrieben. Besonders viele Fans finden sie in den USA; nach 1945 sind Hummel-Figuren beliebte Mitbringsel heimkehrender amerikanischer Soldaten. Dem „Hummel Club" in den USA gehören heute 200 000 Sammler an.

Die häufig kränkelnde Ordensfrau erlebt nur einen Teil der Erfolgsgeschichte ihrer Figuren. Mit Rippenfellentzündung und Tuberkulose wird sie 1944 und 1945 in Lungenheilstätten behandelt. Am 6. November 1946 stirbt sie in Sießen im Alter von nur 37 Jahren.

Berta-Hummel-Ausstellungen

Speziell die Werke aus der Klosterzeit von Schwester Innocentia Hummel sind in einer Dauerausstellung im „Hummel-Saal" des Franziskanerinnenklosters Sießen im oberschwäbischen Bad Saulgau zu besichtigen, darunter Aquarelle, Porträts und religiöse Kunstwerke. Der Eintritt und auch Führungen sind kostenlos; die Schwestern bitten um eine Spende für ihre Projekte in Brasilien, Südafrika und Italien (Einzelheiten zu Öffnungszeiten, Führungen usw. auf der Internetseite des Klosters: www.klostersiessen.de).

In Berta Hummels Elternhaus im niederbayerischen Massing wurde 1994 das Berta-Hummel-Museum eingerichtet. Neben einer umfangreichen Sammlung an Bildern beherbergt das Museum die weltweit größte Privatsammlung an Hummel-Figuren. Über Eintrittspreise, Führungen und weitere Einzelheiten kann man sich unter www.hummelmuseum.de im Internet informieren.

Fröhlich schreien zum Lob des Herrn

Schade, meinen manche Musikexperten: Mahalia Jackson hätte eine der allergrößten Jazz- oder Bluessängerinnen werden können. Doch die Künstlerin blieb zeitlebens dem, wie sie selbst sagte, „fröhlichen Geschrei zum Lob des Herrn" treu: dem Gospel.

Es ist eine dieser amerikanischen Vom-Tellerwäscher-zum-Millionär-Geschichten. Nur den „Teller" kann man in diesem Fall streichen: Mit 14 verlässt Mahalia die Schule und arbeitet als Wäscherin.

Sie stammt aus ärmlichen Verhältnissen. Der Großvater ist noch Sklave gewesen, der Vater arbeitet in New Orleans tagsüber im Hafen, abends als Barbier. Mahalia kommt als drittes von sechs Kindern am 26. Oktober 1911 zur Welt. Als sie sechs Jahre alt ist, stirbt ihre Mutter.

Mahalia wird in die Obhut einer Tante gegeben. Die ist ebenso strenggläubig wie der Vater, der sonntags in seiner baptistischen Kirche predigt. Entsprechend wird Mahalia erzogen, auch in Sachen Musik, die an sich verpönt ist – es sei denn, es handelt sich um religiöse Lieder.

Mahalia kann bereits als kleines Mädchen ganz wunderbar singen. An eine musikalische Karriere denkt sie aber nicht. Mit 16 geht sie nach Chicago, um Krankenschwester oder Kos-

Die Königin
des Gospels:
Mahalia Jackson
1911-1972

metikerin zu werden – später, wenn sie genug Geld für eine entsprechende Ausbildung verdient hat. Dazu nimmt sie Jobs als Zimmermädchen, Hausangestellte oder Packerin an.

Sie singt weiterhin im Kirchenchor und schließt sich dem Quintett der „Johnson Gospel Singers" an, das in Kirchen der Region auftritt. Die Gospelmusik, eine Mischung aus biblisch-religiöser Hymne, Volksmusik der US-Südstaaten und Klageliedern der schwarzen Sklaven, findet zunächst beim schwarzen Publikum viel Anklang, dann aber lassen sich auch immer mehr Weiße begeistern. Die „Singers" werden bald in ganz USA bekannt.

Erste Plattenaufnahmen entstehen, doch der Erfolg bleibt vorerst mäßig. Kurz nach dem Zweiten Weltkrieg aber kommt mit „Move on Up a Little Higher" der Durchbruch für Mahalia: Die Scheibe verkauft sich mehr als eine Million Mal.

In den 1950er und 1960er Jahren wird Mahalia Jackson international bekannt. Sie absolviert ein halbes Dutzend Welt-

Mahalia Jackson

tourneen, veröffentlicht ein Erfolgsalbum nach dem anderen, tritt im Radio, im Fernsehen, in Kinofilmen auf. Sie singt, als John F. Kennedy seine Präsidentschaft antritt und als Martin Luther King seine Freiheitsrede „I have a Dream" hält.

Sie ist die Königin des Gospels und lehnt es nach wie vor ab, weltliche Songs zu singen. Auch damit wird sie berühmt und reich. Aber nicht sehr alt: Sie leidet früh unter Herzbeschwerden und stirbt mit 60 nach mehreren Infarkten am 27. Januar 1972 in Chicago.

Originalton Mahalia

„Es ist leicht, unabhängig zu sein, wenn man Geld hat. Aber unabhängig zu sein, wenn man nichts hat: Das ist Gottes härteste Prüfung."

„Der Blues ist Teil unserer besten Musiktradition. Aber er bringt keine Erlösung. Es ist wie mit einem Mann, der trinkt. Am Ende ist er betrunken, aber er hat immer noch seine Probleme."

„Auf der Bühne und im Fernsehen lieben mich die Weißen. Sie sagen mir, wie wundervoll ich bin. Auf der Straße erkennen sie mich jedoch nicht. In einem Laden im Süden bekomme ich kein Sandwich, kein Getränk – und draußen nicht einmal ein Taxi."

„Musik hat etwas, was so tief geht, dass deine Seele die Botschaft mitbekommt. Egal welche Probleme du hast, die Musik hilft dir, sie anzugehen."

„Gospelmusik ist nichts als das Verbreiten der Guten Nachricht. Sie wird ebenso lang leben wie jede andere Musik, weil sie direkt aus dem menschlichen Herzen gesungen wird."

Ein Blumenstrauß war ihr zu wenig

Erst unternahm sie alles, um den Muttertag durchzusetzen; doch kaum war es ihr gelungen, kämpfte sie für seine Abschaffung. Denn Anna Marie Jarvis war enttäuscht und wütend, dass ihr idealistisches Projekt im Handumdrehen zur Geschäftemacherei verkam.

Das große Vorbild der Anna Marie Jarvis ist ihre Mutter. Die hat nämlich nicht nur 13 Kinder zur Welt gebracht, sondern sich auch zeitlebens sozial und friedenspolitisch engagiert.

Anna Marie, ihr neuntes Kind, wird am 1. Mai 1864 nahe der Kleinstadt Grafton im US-Bundesstaat West Virginia geboren. Bald zieht die Familie nach Grafton um, wo der Vater, ein methodistischer Pfarrer seine neue Stelle antritt. Anna Marie wird Lehrerin und ist in der Frauenrechtsbewegung aktiv.

Ihre Mutter stirbt am 9. Mai 1905. Als sich ihr Todestag jährt, gedenken Familie und Gemeinde, wie üblich, der Verstorbenen im Gottesdienst – und Anna Marie fasst den Entschluss, dass es bei diesem eher privaten Gedenken künftig nicht bleiben soll. Schließlich hat nicht nur ihre Mutter Enormes geleistet; alle Mütter, findet sie, tragen ganz entscheidend zum Wohlergehen des Gemeinwesens bei, ohne dass dies angemessen gewürdigt wird.

Die Mutter des
Muttertags:
Anna Marie Jarvis
1864-1948

So startet sie eine Kampagne: schreibt Zeitungsartikel und deckt Politiker und Kirchenführer, Unternehmer und Frauenverbände mit Briefen ein, in denen sie für die Einführung eines offiziellen Feiertages für die Mütter wirbt. Am dritten Todestag ihrer Mutter, der 1908 auf einen Sonntag fällt, feiert die methodistische Gemeinde in Grafton zum ersten Mal ausdrücklich einen Gottesdienst zum Muttertag. Ein lokales Ereignis. Schon ein Jahr später aber, so ist überliefert, wird am zweiten Sonntag im Mai in 45 US-Staaten der Muttertag begangen. Und nach weiteren fünf Jahren erklärt der Kongress der Vereinigten Staaten den Muttertag zum bundesweiten Feiertag. Anna Marie Jarvis hat ihr Ziel erreicht.

Nun ja, nicht ganz. Die Leistung der Mütter anzuerkennen, ist für sie vor allem ein frauen- und gesellschaftspolitisches Anliegen. Dass man am Muttertag im ganzen Land die Flaggen hisst, genügt ihr nicht. Der Feiertag soll vielmehr die Rechte der Mütter – und die aller Frauen – durchsetzen helfen. Zum Beispiel und vor allem: das Frauenwahlrecht, das es am ersten nationalen Muttertag in den USA noch nicht gibt.

Vielleicht hat Anna Marie Jarvis den entscheidenden Fehler selbst gemacht: Im Anschluss an die Andacht zum Muttertag in Grafton verteilt sie die Lieblingsblumen ihrer Mutter: Nelken. Sie verteilt weiße Nelken für die verstorbenen, rote für die lebenden Mütter. Ein schönes Symbol. Aber zugleich eine unbeabsichtigte Anregung für Blumenhändler ...

Denn die Floristen – und mit ihnen Grußkartenproduzenten, Süßwarenhersteller, Juweliere – identifizieren das neue Fest flugs als ideale Gelegenheit, ihre Produkte via Ehemänner und Kinder an die Frau zu bringen. Die Mutter des Muttertags – Anna Marie Jarvis selbst bleibt ledig und kinderlos – wehrt sich nach Kräften gegen diese Kommerzialisierung. Sie zieht vor Gericht, verliert aber sämtliche Prozesse und infolgedessen ihr gesamtes Vermögen. Nicht einmal das Altenheim, in dem sie vereinsamt und erblindet ihre letzten Lebensjahre verbringt, kann sie sich leisten. Die Kosten jedoch übernehmen einige Blumenhändler, aus Dankbarkeit. Anna Marie Jarvis hätte diese Zuwendung zweifellos entrüstet abgelehnt. Allein: Sie hat davon nie erfahren.

Muttertag

Angeblich kannten schon die alten Griechen und Römer Festtage zu Ehren der Mütter. Einen „Mothering Day" soll es zudem im England des 16. und 17. Jahrhunderts gegeben haben, einen freien Tag für die Bediensteten, um ihre Mütter und ihre Familien zu besuchen. In Deutschland forcierte von Anfang an der „Verband Deutscher Blumengeschäftsinhaber" die Idee des Muttertags.

Schön und gescheiter als 50 Philosophen

Wer eine Heilige namens Katharina nennen soll, denkt heutzutage zuerst an Katharina von Siena. Das war über viele Jahrhunderte anders: Die populärste Heilige dieses Namens war Katharina von Alexandrien, deren Gedenktag der 25. November ist. Nur: Es gab sie wohl gar nicht.

Katharinas Leidensgeschichte wird vermutlich – schon dies ist nicht sicher – im 6. oder 7. Jahrhundert irgendwo im Orient verfasst, später in andere Sprachen übersetzt und immer mehr ausgeschmückt. Die Legende ist dramatisch, grausam und voller Wunder – schon allein deshalb verbreitet sie sich in alle Welt.

Die Geschichte fängt gut an: Katharina ist die Tochter des Königs von Zypern. Eine bildschöne junge Frau, reich, intelligent und sehr gebildet – aber auch sehr eingebildet. Keiner der zahlreichen hochwohlgeborenen Jünglinge, die um ihre Hand anhalten, kann ihr das Wasser reichen, findet sie, und weist sie alle ab.

Ein greiser Einsiedler erklärt ihr schließlich, wer ihr eigentlicher Bräutigam sei: Jesus Christus. Katharina lässt sich überzeugen – und taufen. In einer Vision erlebt sie, wie Jesus ihr einen Verlobungsring an den Finger steckt.

Katharina von Alexandrien

Sie siedelt nach Alexandria in Ägypten über, wo ihre Familie ein Gut besitzt. Eines Tages – um das Jahr 306? – soll sie an einem Opferfest zu Ehren der heidnischen Götzen teilnehmen, verlangt der römische Kaiser Maximinus Daia, der auch über Ägypten herrscht. Nein, der Glaube an diese Abgötter sei falsch, erklärt Katharina dem Kaiser, Verehrung gebühre allein Christus. Maximinus kommt gegen die gescheite Prinzessin nicht an und ruft die 50 weisesten Gelehrten des Landes zusammen, die Katharinas Argumente widerlegen sollen. Doch nach dem Disput mit der klugen Königstochter sind alle 50 Philosophen bekehrt und lassen sich taufen; der Kaiser schickt sie umgehend auf den Scheiterhaufen.

Katharina dagegen hätte er nun gern zur Frau. Sie lehnt ab. Und wird damit zum Opfer des wütenden Maximinus Daia. Die Überlieferung verzeichnet ihre Qualen in vielen grausamen Einzelheiten, unter anderem wird sie ausgepeitscht, muss hungern und soll gerädert werden. Jedoch: Engel versorgen sie mit Nahrung, heilen ihre Verletzungen, zerstören das Folterwerkzeug – angesichts dieser Wunder bekehren sich die Wachleute und sogar die Gattin des Kaisers. Der lässt Katharina endlich enthaupten; aus der Wunde fließt nicht Blut, sondern Milch.

Nicht genug der Mirakel: Nach ihren Tod tragen Engel ihren Leichnam zum Berg Sinai, an jenen Ort, an dem Mose den brennenden Dornbusch geschaut hat und wo dann im 6. Jahrhundert das berühmte, heute griechisch-orthodoxe Katharinenkloster errichtet wird.

Immer wieder mal gibt es seither Versuche, Katharina von Alexandrien aus dem offiziellen Heiligenkalender der Kirche zu entfernen – ihre Existenz ist nicht belegt, die Legenden wuchern allzu üppig. Tatsächlich wird sie 1969 aus dem

Eine beliebte Legendäre: Katharina von Alexandrien Lebensdaten unbekannt, hingerichtet vermutlich 306

Kalender gestrichen. Vorübergehend. Inzwischen ist sie wieder aufgeführt. Die Gläubigen haben sich ihre „allzeit Reine", wie der Name Katharina übersetzt heißt, nicht nehmen lassen.

Beliebte Schutzheilige

Da Katharina lange zu den prominentesten Heiligen zählt, ist sie auch eine beliebte Schutzpatronin. So ist sie unter anderem Patronin der Städte Sion und Fribourg in der Schweiz, Eindhoven in den Niederlanden oder Freistadt in Österreich. Sie ist die Schutzheilige der Mädchen, Jungfrauen, Nonnen, Heiratswilligen und Ehefrauen; der Philosophen, Theologen, Lehrer, Studenten; sie ist Patronin vieler Handwerksberufe, darunter etwa die Müller, Bäcker, Näherinnen, Scherenschleifer; angerufen wird sie zum Schutz der Feldfrüchte, bei Migräne, bei Zungenkrankheiten oder zur Auffindung Ertrunkener.

Die Machtlosigkeit einer Königin

Sie war Prinzessin und Königin – und musste dennoch zeitlebens ohnmächtig zusehen, wie um sie gefeilscht und geschachert wurde. Katharina von Aragon ertrug ihr Schicksal mit einer Mischung aus Ergebenheit und Standhaftigkeit.

Am 16. Dezember 1485 als jüngste Tochter des spanischen Königspaares geboren, wird Katharina schon im zarten Alter von drei Jahren zum Verhandlungsgegenstand. Ihr Vater Ferdinand II. und Englands Herrscher Heinrich VII. wollen sie zum Vorteil beider Länder mit Heinrichs Sohn Arthur verheiraten. Der ist zwei Jahre alt.

Die Väter brauchen sieben Jahre, dann endlich steht der Ehevertrag. 1501 wird er erfüllt: Katharina tritt am 14. November in Londons Saint Paul's Cathedral mit Arthur vor den Traualtar. Die glanzvolle Hochzeit überlebt der häufig kränkelnde Thronfolger nur um viereinhalb Monate – die Schwindsucht rafft den 15-Jährigen dahin. Katharina, 16, ist Witwe.

Die nächste Runde des Pokerspiels um die Prinzessin beginnt. Sie möchte nach Hause, aber Heinrich VII. lässt sie nicht gehen und ihrem eigenen Vater ist das sogar ganz recht: Er möchte, dass seine Tochter nun den jüngeren Bruder Arthurs, Heinrich, heiratet.

Die erste Gattin
Heinrichs VIII.:
Katharina
von Aragon
1485-1536

Was kirchenrechtlich nicht gestattet ist. Es sei denn, Katharina und Arthur hätten die Ehe gar nicht vollzogen, so dass sie für ungültig erklärt werden könnte. Das tut Papst Julius II., nachdem Katharina und ihre Hofdamen entsprechend ausgesagt haben. Jetzt wird ein neuer Vertrag geschlossen, der die spätere Hochzeit Katharinas mit Heinrich vorsieht.

Zwar stellt dessen Vater den Plan wieder infrage und zögert die Hochzeit hinaus. Doch als er im Februar 1509 stirbt, fackelt sein 17-jähriger Sohn nicht lange und heiratet die fünfeinhalb Jahre ältere Katharina. Ganz offensichtlich mögen die zwei sich sehr. Ja, von „tiefer Liebe" schreibt Heinrich VIII. in einem Brief. Alles deutet auf eine glückliche Ehe hin, zumal beide ausgesprochen fromm sind. Und schon bald nach der Krönung kündigt sich Nachwuchs an.

Jedoch: Katharina erleidet eine Totgeburt. Elf Monate später kommt der ersehnte Sohn zur Welt, stirbt aber nach wenigen Wochen. Drei weitere Schwangerschaften enden mit Fehl-

Katharina von Aragon

geburten; einzig Tochter Maria (1516–1558) überlebt. Das wird zum Problem, denn Heinrich VIII. will einen männlichen Thronfolger.

Und zwar einen legitimen. Darum muss die Ehe mit Katharina annulliert werden. Doch Papst Clemens VII. lehnt das Ansinnen ab. Ein jahrelanger Rechtsstreit beginnt. Er endet 1534 mit der Abspaltung der Kirche von England von der katholischen Kirche.

Wieder ist Katharina ein Spielball der Macht, diesmal der Macht ihres Gatten. Er hat sich eine sehr viel jüngere Frau namens Anne Boleyn genommen und schlägt Katharina eine „Ehe zu dritt" vor. Aber nun macht sie keine Kompromisse mehr; freiwillig räumt sie ihren Platz nicht. Heinrich VIII. zwingt sie dazu. Ihre fünf letzten Lebensjahre verbringt sie auf Landschlössern fernab des Hofes. Am 7. Januar 1536 stirbt sie vereinsamt und verbittert an Krebs. Bis zuletzt unterzeichnet sie ihre Briefe mit: Katharina, Königin von England.

Eine Scheidung, ein Schisma

Anno 1526: Um Anne Boleyn heiraten zu können, will Heinrich die Ehe mit Katharina von der Kirche annullieren lassen. „Non possumus", erklärt Papst Clemens VII.: „Wir können nicht." Ende 1532 ist Anne Boleyn schwanger. Heinrich heiratet sie am 25. Januar 1533 – still und heimlich zunächst. Der König setzt anschließend den englischen Klerus so unter Druck, dass ein Scheidungsgericht die Ehe mit Katharina für ungültig erklärt. Ohne das Plazet des Papstes, versteht sich. Im Jahr darauf fordert Heinrich den Papst ein letztes Mal auf, der Scheidung zuzustimmen. Clemens bleibt bei seinem Nein.

Flower-Power im Frauenkloster

Ihr erfolgreichstes Werk ist winzig und spottbillig: Mehr als 700 Millionen Mal verkaufte sich die 1985er „Love"-Briefmarke zu 22 US-Cent, die Schwester Mary Corita Kent gestaltete. Am 18. September 1986 starb die „Pop-Art-" oder auch „Flower-Power-Nonne" an Krebs.

Francis Elizabeth Kent wird am 20. November 1918 als fünftes von sechs Kindern einer irischstämmigen Familie in Fort Dodge im US-Bundesstaat Iowa geboren. Später ziehen die Kents nach Los Angeles um. Frances, die Kunst studiert, tritt dort bereits mit 18 dem Schulorden der Schwestern vom Unbefleckten Herzen Mariens bei und heißt nun Mary Corita.

30 Jahre lang wird sie im College des Ordens als Kunstlehrerin arbeiten. Die Ferien nutzt sie für ihr eigenes Werk. Weil im Kunstraum der Schule ein paar unbenutzte Siebe herumliegen, entdeckt sie eher zufällig die Technik des Siebdrucks für sich – die gilt damals eher als Kunsthandwerk denn als Kunst. Doch das soll sich ändern.

In den 1950er und 1960er Jahren sind die farbenfrohen Drucke aus der Werkstatt der Ordensfrau absolut „in". Sie

Ordensfrau und
Pop-Art-Künstlerin:
Mary Corita Kent
1918-1986

greift religiöse Themen und biblische Motive auf, verarbeitet aber auch Bilder und Texte. Oder sie verdeutlicht, dass Titel von Pophits und allseits bekannte Werbeslogans („Power up", „Let the sunshine in", „Things go better") durchaus in einem tieferen – oder höheren – Sinn verstanden werden können. Schwester Coritas Plakate, von ihrem Orden zu kleinen Preisen unter die Leute gebracht, hängen bald überall.

Und typisch für die Zeit: Ihr Kunstunterricht läuft absolut nicht auf die althergebrachte Art. An den Wänden hängen Monitore, auf denen mehrere Filme laufen; Rockmusik dröhnt aus den Lautsprechern, die Schüler arbeiten in kleinen Gruppen an unterschiedlichen Projekten – und laufen gelegentlich in T-Shirts mit dem Aufdruck „Jesus loves you" und Reklameschildern für Tütensuppen durch die Straßen.

Schwester Coritas Kunst wird politischer, macht Armut, Rassismus oder den Vietnamkrieg zum Thema. Sie eckt an. Auch die experimentierfreudige Ordensgemeinschaft gerät

Francis Kent

in Konflikte mit dem konservativen Ortsbischof. Der Streit eskaliert. Am Ende müssen die Nonnen entscheiden, ob sie sich der kirchlichen Disziplin unterwerfen wollen oder nicht. 90 Prozent der Schwestern lassen sich von ihren Gelübden entbinden und gründen eine unabhängige Gemeinschaft.

Zu diesem Zeitpunkt ist Corita Kent bereits ausgetreten und nach Boston gezogen, wo sie sich ab 1968 auf ihre künstlerische Arbeit konzentriert. Von der sie nun leben muss und die, so urteilen Experten, fortan nicht mehr gar so revolutionär und spürbar kommerzieller wirkt. Die „Love"-Marke mag ein Beispiel dafür sein: sechs kräftige (Wasserfarben-)Pinselstriche – lila, blau, grün, rot, orange, gelb; die drei Grund- und ihre Komplementärfarben also –, darunter „love" in lila, „USA" in rot, „22" in grün. Sehr schlicht, sehr gefällig. Aber auch einfach wunderschön.

Kunst heißt: Dinge verbinden

Wegen ihrer neuartigen Lehrmethoden ist Sister Corita unter ihren Studenten beliebt – ihr guter Ruf trägt überdies dazu bei, dass sie erstklassige Referenten an ihr College holen kann. Zu den illustren Rednern gehören die Designer Charles und Ray Eames, der Komponist und Maler John Cage, der Filmregisseur Alfred Hitchcock.

Sie selbst sagt zum Thema Kunst: „Kreativität ist etwas, was der Künstler in jedem von uns hat. Etwas zu schaffen heißt, eine Beziehung herstellen. Ursprünglich bedeutete Kunst, Dinge zu verbinden, und das ist etwas, was wir täglich tun. Nicht alle von uns sind Maler, aber wir sind alle Künstler. Immer wenn wir Dinge verbinden, sind wir schöpferisch tätig."

Sie kämpfte für das Recht auf Armut

Am Tag vor ihrem Tod hat sie es endlich geschafft: Der Papst erlaubt Klara von Assisi und ihrer Ordensgemeinschaft, in Armut leben zu dürfen. Um dieses Recht hat sie vier Jahrzehnte lang gekämpft, seit sie in der Nacht vom 18. auf den 19. März 1212 ihre Gelübde ablegte.

Sie ist ein Wohlstandskind. Als älteste von drei Töchtern einer Grafenfamilie kommt Klara 1193 oder 1194 im mittelitalienischen Assisi zur Welt. Wohlbehütet wächst sie auf; die gediegene Erziehung und Bildung bereitet sie auf ein angenehmes Leben an der Seite eines möglichst vermögenden und mächtigen Mannes vor.

Einen Mann aus reichem Hause lernt sie denn auch kennen. Der aber hat mit seiner Familie gebrochen, auf sein Erbe verzichtet und lebt mit einigen Gefährten in völliger Armut in ein paar Reisighütten bei der Portiunkula-Kapelle unterhalb von Assisi. Diesen Franziskus unterstützt Klara zunächst finanziell, dann trifft sie sich heimlich mit ihm, lernt seinen Glauben und seine Lebensweise kennen und beschließt, seinem Beispiel zu folgen.

Sie reißt aus. Palmsonntag 1212 verlässt sie abends ihr Elternhaus durch die Hintertür und eilt zur Portiunkula. Franziskus selbst soll ihr die langen Haare abgeschnitten und die

Wandel eines Wohlstandkindes: Klara von Assisi 1193-1253

grobe Kutte angelegt haben, nachdem sie ein Leben in Armut, Gehorsam und Ehelosigkeit gelobt hat. Noch in derselben Nacht bringt Franziskus sie zu einem Benediktinerinnenkloster in der Nähe.

Das ist eine vorübergehende Lösung – Benediktinerin will Klara nicht werden. Bald findet sich beim Kirchlein San Damiano eine Unterkunft. Klaras Schwester Agnes und eine Nachbarin haben sich bereits dazugesellt und schon bald schließen sich weitere Familienmitglieder und Freundinnen den „Armen Frauen von San Damiano" an. Papst Innozenz III. erlaubt der Gemeinschaft ein Leben in absoluter Besitzlosigkeit.

Das ist unüblich. Einzelne Ordensleute können arm sein, aber ein Kloster muss abgesichert sein, es muss Einkünfte geben, Ländereien – so will es die Kirchenleitung. So schreibt es denn auch Kardinal Hugolino, später Papst Gregor IX., vor, der eine entsprechende Regel für die „Armen Frauen" verfasst. Klara gehorcht, umgeht die Bestimmungen aber, soweit

Klara von Assisi

möglich. Schließlich gibt Gregor nach und erneuert das „Privileg der Armut" seines Vorgängers Innozenz.

Doch es folgt ein neuer Papst, der wieder eine neue Regel vorlegt: Innozenz IV. Nun entschließt sich Klara, die seit ihrem 30. Lebensjahr schwer krank ist, die Sache selbst in die Hand zu nehmen. Sie schreibt eine eigene Regel, die erste Ordensregel aus der Feder einer Frau, und drängt den Papst, sie zu bestätigen. Nachdem Innozenz IV. Klara am Sterbebett besucht hat, unterzeichnet er am 9. August 1253 die Bestätigungsbulle. Am 10. August hält Klara sie in Händen, am 11. stirbt sie.

Die Klarissen, wie der Orden nach ihrem Tod genannt wird, werden aber ebenso wie die Franziskaner noch manche Auseinandersetzung erleben über die „Herrin Armut", wie Klara sie genannt hat. Einen gemeinsamen Weg finden sie nicht.

Die Patronin des Fernsehens

Papst Pius XII. erklärt Klara von Assisi 1958 zur „Fürsprecherin vor Gott für das Fernsehen". Wie das? Nun, Klaras Mitschwestern berichten im Heiligsprechungsprozess von einem Ereignis am Heiligen Abend 1252: Die Schwestern begeben sich wie üblich in die Kirche, um das Nachtgebet zu sprechen. Die kranke Klara bleibt im Schlafsaal zurück. Da hört sie plötzlich die Musik und die Gesänge und sieht deutlich die Krippe in der etwa zwei Kilometer entfernten Kirche. Als die Schwestern zurückkommen, empfängt sie sie mit den Worten: „Gepriesen sei der Herr Jesus Christus, der mich nicht allein ließ, als ihr mich im Stich gelassen habt. Ich habe wirklich durch Christi Gnade den ganzen Festgottesdienst miterlebt."

Sing zum Abschied leise „Aloha Oe"

Sie war die letzte Königin von Hawaii und schrieb das weltberühmte wehmütige Liebes- und Abschiedslied „Aloha Oe". Klingt sehr romantisch. Doch spätestens als Liliuokalani die Regentschaft übernahm, war ihr Leben im Südseeparadies nicht mehr besonders idyllisch.

Als sie am 2. September 1838 in Honolulu zur Welt kommt, erhält sie den Vornamen Lydia. Sie ist adeliger Herkunft und weitläufig mit der Königsfamilie verwandt.

Ein noch recht junges Königreich ist dieses Hawaii: Die Inselgruppe im Pazifik besteht aus 137 Inseln und Atollen, die meisten sind unbewohnt; im Allgemeinen werden unter „Hawaii" die acht Hauptinseln verstanden, darunter Hawaii selbst, die flächenmäßig größte, und Oahu, die bevölkerungsreichste mit der Hauptstadt Honolulu. Bis 1910 werden die einzelnen Inseln von ansässigen Adelsclans regiert. Dann ist es Kamehameha, der sich nach einer Serie von siegreichen Feldzügen zum Alleinherrscher der gesamten Inselgruppe aufschwingt.

Auch wenn er das mit Gewalt erzwungen hat – als König regiert er gütig und weise. Er wird von seinen Untertanen verehrt und sichert mit einer klugen Außen- und Handelspolitik

Liliuokalani

die Unabhängigkeit des Reiches, obwohl sich Großbritannien, Belgien oder Frankreich die Inseln nur zu gern einverleibt hätten. Die Monarchie hat auch Bestand, als die Dynastie des Kamehameha 1873 ausstirbt.

Lydias Bruder wird König. Da er kinderlos bleibt, bestimmt er Lydia zur Thronfolgerin und gibt ihr den Namen Liliuokalani. Die künftige Königin hat eine von protestantischen Missionaren geführte Schule besucht und sich auch taufen lassen. US-amerikanische Missionare sind seit 1820 auf Hawaii und gewinnen viel Einfluss. So sorgen sie dafür, dass per Gesetz verboten wird, die katholische Lehre zu verbreiten. Das gelingt natürlich nicht dauerhaft; die Katholiken gewinnen besonders hohe Achtung, als der belgische Pater Damian de Veuster 1873 auf die Insel Molokai kommt, Leprakranke pflegt und 1889 selbst an der Krankheit stirbt.

Knapp zwei Jahre darauf wird Liliuokalani nach dem Tod ihres Bruders zur Königin proklamiert. Der Monarchie sind inzwischen mächtige Gegner erwachsen: US-amerikanische Unternehmer, die auf den Inseln ihr Geld verdienen und denen die Unabhängigkeit des Königreichs ein Dorn im Auge ist. Sie wollen, dass die Vereinigten Staaten die Macht auf Hawaii übernehmen. Und so stürzen sie mit Unterstützung amerikanischer Soldaten die Königin. Sie wird unter Hausarrest gestellt.

Hawaii ist für kurze Zeit Republik. 1898 annektiert die USA die militärstrategisch wichtige Inselkette; nach einer Volksabstimmung wird Hawaii 1959 zum 50. US-Bundesstaat. Die Ex-Königin lebt bis zu ihrem Tod 1917 in Honolulu. Sie schreibt Bücher, musiziert und komponiert. Das erfolgreichste ihrer über hundert Lieder ist bereits 1878 entstanden: „Aloha Oe" spielt die „Royal Hawaiian Band", wenn Schiffe den Hafen von

Die letzte Königin
von Hawaii:
Liliuokalani
1838-1917

Honolulu verlassen. Später singen Elvis Presley und Johnny Cash, Mireille Mathieu und Freddy Quinn das Lied, bei dem jeder sofort an Hawaii denkt. Welch ein Geschenk der letzten Königin an ihr Land.

Sprechende Namen

Hawaiianische Namen erzählen oft kleine Geschichten. So auch der Geburtsname von Liliuokalani. Er lautet Lydia Lili'u Loloku Walania Wewehi Kamaka'eha. Darin sind die Ausdrücke für „weinen", „brennender Schmerz" und „Augen" enthalten. Am Tag, an dem Lydia geboren wird, leidet Elizabeth, weibliches Oberhaupt der Familie, an einer Augeninfektion. Und Elizabeth bestimmt, dass dieses Ereignis durch die Namensgebung verewigt wird. Den neuen Namen Liliuokalani erhält die letzte Königin von Hawaii von ihrem Bruder und Vorgänger im Amt.

Eine pfingstliche Vision geht in Erfüllung

Die große Ordensfamilie der Vinzentinerinnen ist nach dem heiligen Vinzenz von Paul benannt. Die Gründungsgeschichte der „Töchter der christlichen Liebe" ist aber kaum denkbar ohne Louise de Marillac. Am 15. März 1660 starb sie in Paris.

In Paris kommt Louise am 12. August 1591 auch zur Welt. Als uneheliches Kind: Der adelige Vater ist Witwer, der Name der Mutter ist unbekannt. Der Vater heiratet vier Jahre später erneut und Louise wird bei Dominikanerinnen in Poissy erzogen. Als Louise 13 ist, stirbt der Vater; dessen Familie kümmert sich offenbar nicht weiter um das Mädchen.

Präzise Angaben über ihre Jugend fehlen. Sicher ist, dass sie in bescheidenen bis ärmlichen Verhältnissen lebt – und dass sie tief religiös ist. Sie will in einen recht strengen Orden eintreten, doch ihrer schwachen Gesundheit wegen bleibt ihr das verwehrt. Nun drängt die Familie zur Heirat. Louise gibt nach. 1613 heiratet sie Antoine Le Gras.

Eine glückliche Wendung ihres Lebens, so scheint es. Ihr Mann dient am königlichen Hof und verfügt über ein stattliches Einkommen. Bald stellt sich auch Nachwuchs ein. Doch dann folgt ein Verhängnis dem anderen. Sohn Michael erweist sich als geistig behindert. Antoine verliert infolge

Die Mitbegründerin der Vinzentinerinnen: Louise de Marillac 1591-1660

neuer Machtverhältnisse bei Hofe seine Stellung. Und wird schwer krank, ein Pflegefall ohne Aussicht auf Heilung.

Louise verzweifelt ob dieser Schicksalsschläge. Auch ihr Glaube gerät ins Wanken. Oder, fragt sie sich, ist das alles die Strafe dafür, dass sie ihre Entscheidung fürs Ordensleben widerrufen hat? Sie quält sich, bis sie 1623 während der Pfingstmesse in der Kirche Saint-Nicholas-des-Champs eine Erleuchtung empfängt, die sie dem Heiligen Geist zuschreibt: Von einer Sekunde auf die andere wird ihr klar, dass sie zunächst bei ihrem Mann bleiben muss, eines Tages jedoch die Ordensgelübde ablegen und den Armen dienen wird.

Als ihr Mann 1625 stirbt, hat sie bereits Vinzenz von Paul kennengelernt. Es dauert ein Weilchen, bis sie und der zehn Jahre ältere Priester und Begründer der modernen Caritas einen Draht zueinander finden. Vinzenz hat bereits 1617 die ersten „Bruderschaften der Damen der Barmherzigkeit" gegründet, denn eine öffentliche Fürsorge fehlt. Jedoch:

Louise de Marillac

Armenspeisung, Alten- und Krankenpflege, Betreuung Gefangener – die harte Arbeit sagt den edlen Damen dann doch nicht recht zu, so dass sie dafür ihre Dienstmädchen schicken. Vinzenz merkt, dass Louise von anderem Kaliber ist und macht sie zu seiner rechten Hand. Zusammen reisen sie umher und bringen die örtlichen Bruderschaften auf Vordermann.

Louise und vier weitere Frauen schließen sich Ende 1633 zu einer geistlichen Gruppe zusammen, im Frühjahr 1642 legen die fünf „Töchter der christlichen Liebe", im Volksmund auch „graue Schwestern" genannt, die Gelübde ab – Louises pfingstliche Vision hat sich erfüllt. Die päpstliche Anerkennung ihrer Gemeinschaft erlebt sie ebenso wenig wie Vinzenz, der ein halbes Jahr nach Louise stirbt. Heiliggesprochen wird Vinzenz von Paul 1737, fast zwei Jahrhunderte eher als Louise de Marillac, die 1934 zur Ehre der Altäre erhoben wird.

Betteln für die Findelkinder

Es ist eines der wichtigsten Projekte der jungen Gemeinschaft um Louise de Marillac: In Paris ist 1630 das erste Waisenhaus für Findelkinder gegründet worden – jedes Jahr werden in der Stadt Hunderte von Kindern ausgesetzt. 1640 übernehmen Louise und ihre Gefährtinnen das Haus, das sich jedoch bald als zu klein erweist. Es findet sich ein anderes Gebäude – ein ehemaliges Schloss. Das weckt Missverständnisse: Die Leute denken, dass es den Waisen doch sehr gut gehen müsse, wenn sie so edel untergebracht seien. Sie geben nichts mehr. Mühsam müssen die Schwestern Spenden erbetteln. Am Ende greift Vinzenz von Paul ein – sein bewegender Appell an die Bevölkerung hat Erfolg, das Heim kann gerettet werden.

Zärtliche Liebesbriefe an Jesus

*Kann es ein Mindestalter für Heilige geben?
Nein, Heiligkeit ist „in jedem Alter möglich",
befand Papst Benedikt XVI. – und so könnte denn
Antonietta Meo die jüngste Selige (und später auch
Heilige) der Kirchengeschichte werden.
Sie starb mit sechseinhalb Jahren.*

Alle nennen sie nur Nennolina. Die vierte Tochter von Maria und Michele Meo, am 15. Dezember 1930 in Rom geboren, ist ein fröhliches und aufgewecktes Mädchen. Und ein frommes – zur Freude ihrer gläubigen Eltern und der Ordensschwestern im Kindergarten.

Kaum ist Nennolina fünf Jahre alt geworden, bemerkt die Familie eine Schwellung an ihrem linken Knie. Die Folge eines Sturzes, wird vermutet. Der Arzt verordnet Jodinjektionen. Die helfen aber nicht, also folgen gründlichere Untersuchungen. Die schreckliche Diagnose: Knochenkrebs.

Am 25. April 1936 muss Antonietta das linke Bein amputiert werden. Dem Mädchen scheint es weniger auszumachen als ihrer Familie. Ihr „Beinchen", meint Antonietta, schenke sie Jesus.

Und ihm schreibt sie denn auch. Das heißt: Zunächst lässt sie schreiben. Ihre Mutter hat ihr eines Abends vorgeschlagen, der Oberin des Kindergartens einen Brief zu schicken.

Antonietta Meo

Danach will Antonietta auch an ihre Mutter, ihren Vater, die Schwestern schreiben – und schließlich an Jesus und an die Gottesmutter Maria. „Ich nahm das erstbeste Blatt Papier und schrieb nur lächelnd und wohlwollend das auf, was sie in großer Schlichtheit und Sicherheit diktierte", berichtet ihre Mutter später. Glücklich erzählt Antonietta Jesus, dass sie an Weihnachten vorzeitig zur Erstkommunion gehen darf, und fügt hinzu: „Jesus, komm recht bald in mein Herz, damit ich dich ganz fest an mich drücken und küssen kann. O Jesus, ich will, dass du immer in meinem Herzen bleibst."

Es sind zärtliche und sehnsuchtsvolle Liebesbriefchen an Jesus, die Antonietta bald auch selbst niederschreiben kann, denn im Oktober 1936 kommt sie in die Schule: „Ich möchte selbst nachts hingehen", teilt sie Jesus mit; „es gefällt mir so, weil man da von dir redet!" Rund 150 Briefchen an Jesus sind erhalten, weitere an Maria, Gott Vater und den Heiligen Geist. Sie erscheinen später in Buchform (unter dem Titel „Nennolina schreibt an Gott" auch auf Deutsch; die Ausgabe ist allerdings vergriffen).

Ihre Krankheit schreitet unaufhaltsam fort. Die starken Schmerzen erträgt Antonietta tapfer, findet sogar die Kraft, ihre Familie zu trösten. Im Mai empfängt sie das Sakrament der Firmung, am 3. Juli 1937 stirbt sie. Schnell verbreitet sich der Ruf der Heiligkeit Nennolinas im ganzen Land. Das diözesane Seligsprechungsverfahren wird eingeleitet und 1972 abgeschlossen. Das vatikanische Verfahren ist weit fortgeschritten; 2007 erkennt Benedikt XVI. Antonietta den „heroischen Tugendgrad" zu, Voraussetzung für die Seligsprechung. Und der Papst stellt fest: „In wenigen Jahren hat Nennonita den Gipfel der Vollkommenheit erreicht (...), sie ging zügig voran auf der ‚Schnellstraße', die zu Jesus führt."

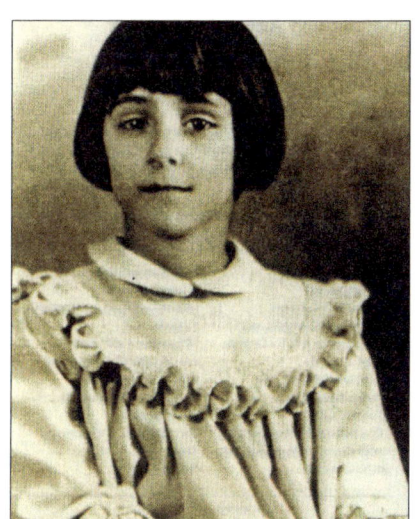

Vielleicht die
jüngste Heilige:
Antonietta Meo
1930-1937

Die Seele ein Apfel

„Liebster Jesus, wenn du morgen in mein Herz einkehrst, so bedenke, dass meine Seele ein Apfel ist. Und wie der Apfel Kerne hat, so mache, dass es in meiner Seele ein Schränkchen gibt. Und wie es unter der schwarzen Schale der Kerne einen weißen Kern gibt, so gib, dass in dem Schränkchen deine Gnade ist, die wie der weiße Kern ist."

Aus einem der „Briefchen" von Antonietta Meo

„Entscheidet euch für das Kind"

Sie gilt als Vorbild der Lebensrechtsbewegung: Die italienische Kinderärztin Gianna Beretta Molla starb am 28. April 1962, eine Woche nach der Geburt ihres vierten Kindes, das sie trotz einer Geschwulst an der Gebärmutter ausgetragen hatte. 2004 wurde sie heiliggesprochen.

Gianna wächst in einer großen Familie auf. Als sie am 4. Oktober 1922 in Magenta, westlich von Mailand, geboren wird, ist sie das zehnte von 13 Kindern ihrer Eltern Maria und Alberto.

Der Glaube spielt eine wichtige Rolle in der Familie Beretta. Giannas älterer Bruder Alberto zum Beispiel tritt in den Kapuzinerorden ein und wirkt als Missionar und Arzt in Brasilien – für den im Jahr 2001 verstorbenen Ordensmann läuft inzwischen das Verfahren zur Seligsprechung.

Gianna engagiert sich in der kirchlichen Jugendarbeit und auch karitativ in der Vinzenzkonferenz. In Mailand und Pavia studiert sie Medizin. Nachdem sie 1949 den Doktortitel erworben hat, denkt sie eine Weile ernsthaft darüber nach, ihrem Bruder nach Südamerika zu folgen. Schließlich entscheidet sie sich aber, als Kinderärztin zu arbeiten – und zu heiraten. 1955 tritt sie mit dem Ingenieur Pietro Molla vor den Traualtar.

Die heilige
Kinderärztin:
Gianna Beretta Molla
1922-1962

In den folgenden Jahren kommen die Kinder Pierluigi, Mariolina und Laura zur Welt. Dann der Schock: Zu Beginn der vierten Schwangerschaft entdecken die Ärzte einen Tumor im Gebärmuttereingang, der zwar gutartig ist, sich aber rasch ausbreitet. Eine Abtreibung oder die operative Entfernung der Gebärmutter kommt für Gianna nicht infrage. Sie entscheidet sich für die Fortsetzung der Schwangerschaft und für einen komplizierten und für sie selbst riskanten chirurgischen Eingriff, bei dem die Geschwulst entfernt wird, das Kind aber möglichst keinen Schaden nimmt.

Die Operation gelingt, Gianna kann ihr viertes Kind austragen. Allerdings ist klar, dass der Kaiserschnitt wiederum einen gefahrvollen Eingriff bedeuten wird. Gianna weist ihren Mann und die Ärzte an: Sollte eine Entscheidung zwischen ihrem Leben und dem ihres Kindes nötig werden, dann „zögert nicht – entscheidet euch für das Kind". Am 21. April wird Tochter Gianna Emanuela geboren. Der Gesundheitszustand ihrer

Gianna Beretta Molla

Mutter verschlechtert sich bald darauf. Das Fieber steigt mehr und mehr, eine Bauchfellentzündung bereitet Gianna große Schmerzen. Eine Woche nach der Geburt stirbt sie.

Bei der Beerdigung folgt eine große Menschenmenge dem Sarg, Gianna wird bald wie eine Heilige verehrt. So wird denn auch 1980 ganz offiziell der Seligsprechungsprozess eingeleitet. Papst Johannes Paul II. spricht sie 1994 selig und am 16. Mai 2004 heilig. Ihr Mann ist dabei und auch drei der Kinder; Mariolina ist als Sechsjährige gestorben. Gianna Emanuela ist in die Fußstapfen ihrer Mutter getreten und auch Ärztin geworden.

Botin der göttlichen Liebe

„Gianna Beretta Molla war eine einfache, aber sehr aussagekräftige Botin der göttlichen Liebe. Wenige Tage vor ihrer Hochzeit schrieb sie in einem Brief an ihren zukünftigen Mann: ‚Die Liebe ist das schönste Gefühl, das der Herr in die Seele des Menschen gelegt hat.' Nach dem Beispiel Christi, der die Seinen bis zum Ende geliebt hat, blieb diese heilige Familienmutter heroisch ihrer Verpflichtung treu, die sie am Tag der Eheschließung übernommen hatte. Das äußerste Opfer, das ihr Leben besiegelte, bezeugt, wie sehr nur derjenige, der den Mut hat, sich ganz Gott und den Menschen hinzugeben, sich selbst verwirklicht. Möge unsere Epoche durch das Beispiel von Gianna Beretta Molla die reine keusche und fruchtbare Schönheit der ehelichen Liebe neu entdecken, die antwortet auf den Ruf Gottes."

Aus der Predigt von Papst Johannes Paul II.
bei der Heiligsprechung

Gott rief die „Lady mit der Lampe"

„Gott sprach zu mir und rief mich in seinen Dienst." Florence Nightingale ist gerade mal 17, als sie diesen Satz in ihr Tagebuch schreibt. Sie braucht noch eine Weile, bis sie ihre Lebensaufgabe gefunden hat: die Krankenpflege. Ihre Familie ist darüber alles andere als amüsiert.

Das gehört sich nicht für eine Tochter aus vermögendem Haus. Sie müsste an sich überhaupt nicht arbeiten, am allerwenigsten jedoch als Krankenschwester, in Großbritannien damals ein ausgesprochen minderwertiger Job.

Florences Eltern leben von ererbtem Geld. Sie können es sich leisten, nach ihrer Hochzeit 1818 mehrere Jahre lang durch Europa zu touren. In Neapel kommt die erste Tochter zur Welt, die zweite am 12. Mai 1820 in Florenz – daher der Name Florence. Nach der Heimkehr lebt die Familie in ihrem schlossähnlichen Haus bei Southampton oder auf dem Landsitz in Derbyshire.

Vater William Edward unterrichtet seine Töchter selbst. Fünf Sprachen bringt er ihnen bei, dazu Geschichte und Philosophie; nur für die musischen Fächer ist eine Hauslehrerin zuständig. Florence zeigt eine außergewöhnliche Begabung für Mathematik. Und erweist sich mehr und mehr als willens-

Florence Nightingale

starke Persönlichkeit. Nicht nur, dass sie den Heiratsantrag eines reichen Lords zurückweist, sie trotzt den Eltern schließlich auch die Erlaubnis ab, sich in einem Spital bei Düsseldorf sowie bei den Vinzentinerinnen in Paris in Sachen Krankenpflege ausbilden zu lassen.

Der Vater gibt die Hoffnung auf ein standesgemäßes Leben seiner Tochter endlich auf und gewährt ihr eine großzügige Jahresrente. Mit 33 Jahren kann sie nun die Leitung eines Londoner Sanatoriums übernehmen und nach ihren Vorstellungen ausbauen. Kurz darauf bricht der Krimkrieg aus, ein verlustreicher Stellungskrieg zwischen den Russen auf der einen, Türken, Franzosen und Briten auf der anderen Seite. Weil die verwundeten britischen Soldaten medizinisch kaum versorgt werden, macht sich Florence im Oktober 1854 mit 38 Krankenschwestern in ein Lazarett nach Scutari auf, heute ein Stadtteil Istanbuls. Die Militärs sehen das Eingreifen der Zivilistinnen gar nicht gern. Florence muss sich ständig mit Offizieren und Ärzten herumschlagen, kann daher oft erst abends Krankenbesuche machen – die „Lady mit der Lampe" wird sie bald genannt. Und: „Engel der Barmherzigkeit".

Als sie 1857 in die Heimat zurückkehrt, ist sie nach der Queen die bekannteste Frau Englands. Aber sie selbst ist schwer erkrankt und wird für den Rest ihres langen Lebens immer wieder das Bett hüten müssen. Dennoch arbeitet sie verbissen für die Verbesserung des Gesundheitswesens: effektive Krankenhäuser, solide Pflegeausbildung, häusliche Krankenpflege. Ihr mathematisches Talent nutzt sie, indem sie Statistiken für die Diagnose von Krankheiten oder die Analyse der medizinischen Versorgungslage entwickelt. Hochbetagt stirbt Florence Nightingale am 13. August 1910.

Die berühmteste Krankenschwester: Florence Nightingale 1820-1910

Gut gesagt

Florence Nightingale versteht es immer wieder, die Dinge mit prägnanten Sätzen auf den Punkt zu bringen. Beispiele:

„Wenn man mit Flügeln geboren wird, sollte man alles dazu tun, sie zum Fliegen zu benutzen."

„Wahre Religion ist, keinen anderen Willen zu haben als den Willen Gottes."

„Krankenpflege ist keine Ferienarbeit. Sie ist eine Kunst und fordert, wenn sie Kunst werden soll, eine ebenso große Hingabe, eine ebenso große Vorbereitung, wie das Werk eines Malers oder Bildhauers. Denn was bedeutet die Arbeit an toter Leinwand oder kaltem Marmor im Vergleich zu der am lebendigen Körper, dem Tempel für den Geist Gottes?"

„Herz, du verlierst sehr viel, wenn du nichts aushältst!"

Die Apostolin, die aus der Fremde kam

„Erleuchterin Georgiens", „Lyra des Heiligen Geistes", „Erquickerin der Seele und Leiber" – zahlreich sind die Beinamen der heiligen Nino. Die Frau, die das Christentum nach Georgien brachte, starb um das Jahr 361; die katholische Kirche feiert ihr Gedenken am 15. Dezember.

Woher sie stammt? Man weiß es nicht. Vielleicht aus Kappadokien in der heutigen Türkei, vielleicht aus Italien, vielleicht wird sie um das Jahr 325 geboren. Ist sie eine entflohene Sklavin? Kommt sie als Gefangene? Das alles liegt im Dunkeln. Klar ist: Nino ist Christin. Als sie in einer Hütte in Macheta lebt, der Hauptstadt des vorderasiatischen Landes Iberien am Ostufer des Schwarzen Meeres, fällt sie auf: Christen gibt es in dieser Gegend nicht.

Eines Tages wird nach Landessitte ein krankes Kind durch die Straßen getragen; kein Arzt hat es heilen können und so ziehen die Angehörigen umher auf der Suche nach jemandem, der ihr helfen kann. Nino nimmt es zu sich, betet und gibt es der Mutter gesund wieder zurück.

Dieses Wunder spricht sich schnell herum. Auch Nana, die Gattin des Königs Mirian, hört davon. Sie ist selbst schwer krank und alle ärztliche Kunst hat nichts bewirkt. Nino aber heilt auch die Königin, die daraufhin Christin wird.

Sie brachte Georgien das Christentum: Nino 325-361

Ihr Mann möchte Nino für ihre gute Tat zwar fürstlich belohnen, von dieser neuen Religion jedoch will er nichts wissen. Damit er sich ebenfalls bekehrt, braucht es ein zweites Wunder: Während einer Jagd gerät er unversehens in eine tiefe Finsternis und ruft vergeblich seine Götter um Beistand an – erst als er zu Christus betet, gelingt die Befreiung aus der Notlage.

Mirian nimmt den christlichen Glauben an, erklärt ihn sogar zur Staatsreligion und holt christliche Missionare ins Land. Dass Georgien heute ein Land ist, dessen Bewohner zu über 80 Prozent der Georgischen Orthodoxen Apostelkirche angehören, geht auf diese Maßnahmen Mirians zurück.

Eigentlich aber ist es Nino, die durch ihr Vorbild und ihre Heilkunst die Frohe Botschaft hergebracht hat. Sie zieht sich später als Klosterfrau oder Einsiedlerin ins Kaspische Gebirge zurück und stirbt in Bodbe in der georgischen Region Kachetien.

Nino

Und sie hinterlässt ein Zeichen, das zum nationalen Symbol werden soll: das Weinrebenkreuz, auch Georgisches Kreuz genannt. Sein Charakteristikum ist der links und rechts schräg herabhängende Querbalken des Kreuzes. Nino soll das Weinrebenkreuz selbst gefertigt haben, zum Teil aus ihren eigenen Haaren. Eine andere Legende sagt: Nino hat das Kreuz von der Gottesmutter persönlich empfangen.

Name unbekannt

Wie hieß Nino wirklich? Das weiß man nicht. Das offizielle Heiligenverzeichnis der katholischen Kirche (das „Martyrologium Romanum") nennt sie „die christliche Gefangene, Apostel der Iberier", lateinisch: „ancilla christiana". Aus diesem „christlich" oder „christiana" haben die Iberier – das ist ein Volksstamm in Georgien – den Eigennamen Christiana gemacht und später zu Nina, Nona oder Nino verkürzt. In Georgien kommt Nino bis heute als Mädchenname recht häufig vor. Ihr Namenstag wird in der katholischen Kirche am 15. Dezember gefeiert. Die Georgier feiern am 19. Mai, dem Tag ihrer Ankunft in Georgien; andere orthodoxe Kirchen haben noch verschiedene andere Gedenktage für die heilige Nino.

Sie blieb sitzen und die Welt stand auf

*Als sie sitzen blieb, stand die ganze Welt auf.
So heißt es sinngemäß in einem der zahlreichen
Lieder über Rosa Parks und ihren auf den ersten
Blick so unscheinbaren Akt des Widerstands, der
gewaltige Folgen haben sollte.*

Anno 1955: Wenn Schwarze in Alabamas Haupt- und Rosa Parks Heimatstadt Montgomery den Linienbus benutzen, müssen sie vorn einsteigen, zahlen und wieder aussteigen, um durch die hintere Tür zu ihren Plätzen zu gelangen. Oft fährt der Bus in der Zwischenzeit einfach los. Vorn ist ausschließlich für Weiße reserviert, in der Busmitte dürfen sich Schwarze zwar hinsetzen, doch sie müssen eine komplette Sitzreihe räumen, sobald ein einzelner Weißer dort einen Platz beansprucht.

Am 1. Dezember 1955 passiert genau das: In der fünften Reihe im Bus Nummer 2857 sitzen vier Schwarze, als am Empire Theater ein Weißer namens Jim Crow zusteigt und die fünfte Reihe für sich reklamiert. Drei Schwarze stehen gehorsam auf. Rosa Parks bleibt sitzen. Der Fahrer holt die Polizei. Die 42-Jährige wird verhaftet und ins Stadtgefängnis gesperrt. Sie kommt auf Kaution frei, vier Tage später wird sie vor Gericht gestellt.

Widerständlerin
im Linienbus:
Rosa Parks
1913-2005

Rosa Parks ist nicht die Erste, die sich weigert, ihren Sitzplatz für Weiße freizumachen. Das haben in den Monaten zuvor unter anderem bereits zwei junge Frauen gewagt. Und die NAACP – die „National Association for the Advancement of Colored People", eine Bürgerrechtsbewegung, die für die Rechte der Schwarzen kämpft – hat erwogen, diese Fälle für öffentliche Protestaktionen zu nutzen. Nur: Für so etwas braucht man eine Leitfigur, die persönlich gefestigt ist und ein „anständiges" Leben führt. Die beiden jungen Frauen erscheinen wenig geeignet. Im Unterschied zu Rosa Parks.

Rosa Louise McCauley entstammt einer armen Familie, hat das Studium zwar abgebrochen, aber eine Schul- und Berufsausbildung als Schneiderin abgeschlossen. Sie ist methodistische Christin, eine eifrige Kirchgängerin und aktives Mitglied ihrer Gemeinde. Raymond Parks, den sie 1932 geheiratet hat, gehört der NAACP an, und auch Rosa engagiert sich in der Bewegung. Als 1954 in Montgomery ein junger baptistischer

Rosa Parks

Pastor seinen Dienst antritt, versucht Rosa Parks sogleich, ihn für die NAACP zu gewinnen; sein Name: Martin Luther King.

King steht am 5. Dezember 1955, als der Prozess gegen Rosa stattfindet, an der Spitze einer Aktion, die Geschichte schreibt: Der „Montgomery Bus Boycott" ist eigentlich nur für diesen einen Tag angesetzt; aber nachdem Rosa zu einer Geldstrafe verurteilt wird, geht er weiter. Die schwarze Bevölkerung der Stadt boykottiert geschlossen die öffentlichen Busse. Sie hält mehr als ein Jahr eisern durch bis zum 20. Dezember 1956, als nach einem Urteil des Obersten Gerichtshofs endgültig Schluss ist mit der Rassentrennung in Bussen.

Ein bahnbrechender Sieg für die Bürgerrechtsbewegung. Die mit Rosa Parks eine neue Heldin hat. Sie bekommt die beiden höchsten zivilen Auszeichnungen der USA – 40 Jahre später. Ab 1955 hat sie ständig Morddrohungen erhalten. Und ist mit ihrem Mann 1957 sicherheitshalber weit gen Norden gezogen, nach Detroit. Dort stirbt sie am 24. Oktober 2005.

Irene und Rosa

Rosa Parks war nicht die erste Afroamerikanerin, die sich weigerte, ihren Platz im Bus einem Weißen zu überlassen. Diese Ehre gebührt Irene Morgan. Die damals 27-Jährige wurde verhaftet, weil sie ihren Sitz in einem „Greyhound"-Bus auf der Fahrt von Gloucester im US-Bundesstaat Virginia nach Baltimore in Maryland nicht für einen Weißen aufgeben wollte. Ihre Aktion – im Jahr 1944 – hatte einen Teilerfolg: Die Rassentrennung wurde anschließend für den überregionalen Bus- und Bahnverkehr zwischen den US-Staaten aufgehoben. Im Fall Parks dagegen ging es um sämtliche Rassentrennungsgesetze.

Der grausame Tod einer Erfolgsautorin

Am Pfingstmontag 1310 lodert auf dem Place de Grève in Paris der Scheiterhaufen. In den Flammen stirbt Marguerite Porète, zum Tode verurteilt, weil sie einen frommen Bestseller geschrieben hat: den „Spiegel der einfachen Seelen".

Das in altfranzösischer Sprache geschriebene Werk – vollständiger Titel: „Der Spiegel der einfachen, vernichteten Seelen, die nur im Wunsch und in der Sehnsucht nach Liebe verharren" – gilt als eines der wichtigsten und originellsten mystischen Bücher des Mittelalters. Der Text ist auf mehrere Sprecherrollen verteilt und schildert den Weg der Seele über sieben Stufen hin zur Vereinigung mit Gott, zu einer von Liebe durchdrungenen Freiheit.

Diese Vorstellung einer völligen Freiheit finden die kirchenamtlichen Theologen verdächtig. Sie wittern Unmoral, zumal Porètes befreite Seele ohne Gebote, Sakramente oder Tugenden auskommt. Das Buch, vor 1296 entstanden, wird im Jahr 1300 konfisziert und öffentlich verbrannt, sechs Jahre darauf als häretisch, also vom rechten Glauben abweichend, verurteilt. Trotzdem findet es weite Verbreitung.

1307 kommt es zu einer erneuten Anklage. Marguerite soll widerrufen, was sie jedoch ablehnt. Also wird sie einge-

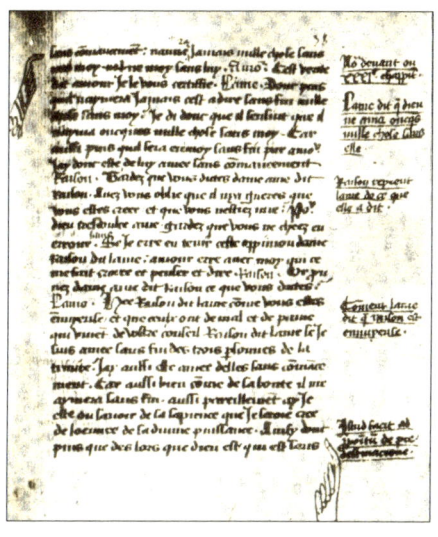

Das Manuskript der Begine und Mystikerin: Marguerite Porète 1260–1310

kerkert. Im Prozess verweigert sie hartnäckig die Aussage. 21 Theologen erklären sie im April 1310 zur Häretikerin. Am 30. Mai wird sie den weltlichen Behörden übergeben, am 1. Juni hingerichtet.

Was Marguerite Porète außerdem zum Verhängnis wird: Sie ist eine Begine. Über ihr Leben weiß man nicht viel mehr, als dass sie wohl zwischen 1250 und 1260 in Nordfrankreich geboren worden ist und eine gediegene Bildung genossen haben muss – und sich eben irgendwann den Beginen angeschlossen hat. Diese Bewegung ist ein gutes Jahrhundert vor Marguerites Hinrichtung in verschiedenen Gegenden Europas entstanden: Alleinstehende christliche Frauen – hier eine Handvoll, dort über 100 – schließen sich zu eigenständigen geistlichen Gemeinschaften zusammen, ohne einem Orden beizutreten. In Armut und Keuschheit führen sie ein Leben in der Nachfolge Christi. Sie legen ein Gelübde auf Zeit ab, das regelmäßig erneuert wird – wer wieder ausscheiden möchte,

Marguerite Porète

kann das tun. Die Mitglieder der männlichen Gemeinschaften der Laienbewegung heißen übrigens Begarden.

Ihren Unterhalt betteln sich einige Beginen zusammen – zumeist aber sind sie (textil-)handwerklich tätig, arbeiten als Hebammen, in der Krankenpflege, der Erziehung. Neben sesshaften Gruppen, die auf Beginenhöfen leben, entstehen auch wandernde Gemeinschaften. Da die Beginen eine Art Konkurrenz zu den Orden bilden und oft in den Ruf geraten, häretisches Gedankengut zu verbreiten, kommen sie in Konflikt mit der Kirche, werden teils gar verfolgt und getötet. Andere Gemeinschaften schließen sich im Lauf der Zeit, zumeist unfreiwillig, Orden an. Im 16. Jahrhundert, von einzelnen Gruppen abgesehen, endet die Geschichte der Beginen.

Die moderne Frauenbewegung hat die Beginen in den letzten Jahrzehnten wiederentdeckt. Neue Gemeinschaften sind entstanden – allerdings in der Regel ohne den religiösen Hintergrund, der in Zeiten Marguerite Porètes zentrale Bedeutung besaß.

Liebe kontra Verstand

Der „Spiegel der einfachen Seelen" umfasst 139 Kapitel und besteht vorwiegend aus Dialogen. Die wichtigsten Gesprächspartner sind die Seele, die Liebe und der Verstand. Die Ansichten der Autorin geben die Seele und die Liebe wieder, während der Verstand Skepsis und Widerspruch äußert. Außerdem sind an den Gesprächen der Glaube und die Hoffnung beteiligt, der Heilige Geist und die Sehnsucht, die Wahrheit, die Angst und viele andere. Auch die Verfasserin selbst greift in die engagierten, mitunter turbulenten Diskussionen ein.

Die Liebe in den Zeiten der Gewalt

Ihr Name ist hierzulande nur wenigen ein Begriff – dennoch zählt sie zu den ganz großen Frauengestalten der Christenheit: Radegundis von Thüringen. In äußerst grausamen Zeiten lebte sie vor, was Nächstenliebe bedeutet.

Mord und Totschlag erlebt die Tochter des thüringischen Königs Berthachar von Kindesbeinen an. Machtkämpfe werden blutig ausgetragen, auch innerhalb der Verwandtschaft. Vater, Mutter, Geschwister – alle werden umgebracht, nur Radegundis und ein jüngerer Bruder überleben. Und als sie etwa elf ist, besiegt Frankenkönig Chlothar anno 531 das thüringische Heer und nimmt die Prinzessin und ihren Bruder als Kriegbeute mit heim ins heutige Nordfrankreich.

Möglicherweise ist Radegundis bereits Christin, vielleicht wird sie es erst bei den Franken – jedenfalls lässt Chlothar die schöne Königstochter christlich erziehen und gediegen ausbilden, denn er will sie heiraten, um sich Erbansprüche auf den Thron Thüringens zu sichern. Radegundis wehrt sich dagegen, flieht sogar kurz vor der Hochzeit, denn dieser Chlothar ist ein brutaler Wüstling und Mörder. Doch er fängt sie wieder ein und zwingt sie zur Heirat.

Radegundis von Thüringen

Frankens Königin wider Willen passt sich den derben Sitten des Hofes nicht an. Sie betet und fastet, lässt ein Hospital für Arme bauen und hilft bei der Pflege der Kranken und sie bittet ihren Gatten mehrmals um die Aufhebung von Todesurteilen – mit Erfolg, denn der hemmungslose Chlothar hat eine Menge Respekt vor seiner anständigen und frommen Frau.

Was ihn aber nicht hindert, um 550 herum ihren Bruder ermorden zu lassen. Als Germanin wäre Radegundis nun zur Blutrache verpflichtet. Sie entschließt sich stattdessen, fortan ein gottgeweihtes Leben zu führen und flieht ins nahe Noyen zu Bischof Medardus. Sie will sich von ihm weihen lassen, was eigentlich nicht geht, da sie ja verheiratet ist. Ihrer vehement vorgetragenen Forderung vermag sich Medardus aber nicht zu entziehen.

Von Chlothars Männern verfolgt, flieht sie immer weiter ins Landesinnere. Die Flucht endet nach Jahren schließlich in Poitiers im heutigen mittleren Westen Frankreichs. Hier gründet sie um 558 ein Kloster – es gilt als das erste Frauenkloster Europas. Chlothar unterstützt das Projekt sogar, nachdem er eingesehen hat, dass seine Nachstellungen sinnlos sind.

Hier verbringt Radegundis unter rund 200 zumeist adligen Frauen ihrer Gemeinschaft die letzten 30 Jahre ihres Lebens. Dass man noch heute ziemlich viel über sie weiß, hat damit zu tun, dass sich um 565 der Dichter und spätere Bischof Venantius Fortunatus in Poitiers niederlässt. Er verfasst eine Biografie über sie.

Viele Legenden über die heilige Radegundis entstehen erst später. Eine der schönsten ist die vom Haferwunder: Als Radegundis auf der Flucht vor Chlothar einem Bauern begegnet, der gerade Hafer aussät, bittet sie ihn, sie den Verfolgern nicht zu verraten. Da wächst der Hafer binnen einer Stunde so

Eine anständige
Frau: Radegundis
von Thüringen
um 520-587

hoch, dass Radegundis sich darin verstecken kann. Also kann der Bauer wahrheitsgemäß sagen: „Seit ich den Hafer gesät habe, ist niemand vorbeigekommen."

Die dienende Königin

Nachdem die Königin zur Ordensfrau geworden ist, sagen die Chronisten, „strahlte ihre Heiligkeit in noch viel größerem Glanze". Sie habe fortan vor allem die niedrigsten Dienste verrichtet: den anderen Schwestern die Schuhe geputzt, Holz für den Herd herangeschleppt und als Küchenmagd geschuftet. Und: „Im Beten, im Psalmengesange, auch bei Nacht, und im Lesen heiliger Schriften übertraf sie alle Schwestern weit an unermüdlicher Ausdauer." Alle Kranken habe sie mit unglaublicher Hingabe gepflegt und „kein noch so ekelhaftes Leiden vermochte sie von körperlicher Berührung abzuschrecken".

Sie lud die Blumen zum Morgengebet ein

Sie soll ein fröhlicher und naturverbundener Mensch gewesen sein – zugleich hat sie sich ein äußerst strenges Büßerleben auferlegt: Rosa von Lima, am 20. April 1586 geboren, wurde zur ersten Heiligen Südamerikas und zur Schutzpatronin des Halbkontinents.

Auch die Gärtner und Blumenhändler verehren sie als ihre Patronin: Denn Isabel Flores de Oliva, wie sie eigentlich heißt, wird schon früh nur Rosa genannt. Eine Indiofrau habe sie wegen ihres schönen Gesichts so genannt, besagt die eine Legende. Die andere: Ihre Mutter soll während der Taufe eine über dem Säugling schwebende Rose erblickt haben.

Rosa ist die Tochter eines armen spanischen Ehepaares, das in Lima lebt, der Hauptstadt des damaligen spanischen Vizekönigreichs Peru. Sie ist ein frommes Kind, das viel betet und schon mit sechs Jahren dreimal die Woche bei Wasser und Brot gefastet haben soll.

Sie will am liebsten Ordensfrau werden, doch ein Frauenkloster gibt es in der Gegend nicht. Infrage kommt immerhin eine Laiengemeinschaft. Die Mutter hält Rosa von einem Eintritt ab, möchte sie viel lieber mit einem möglichst wohlhabenden Mann verheiraten. Am Ende setzt sich Rosa durch.

Die erste Heilige
Südamerikas:
Rosa von Lima
1586–1617

Mit 20 Jahren wird sie in den Dritten Orden der Dominikaner aufgenommen – so wie ihr geistliches Vorbild Katharina von Siena.

Im Garten des Elternhauses baut sie zusammen mit einem Bruder eine Holzhütte, in der sie fortan lebt. In der Frühe des Tages, heißt es, lädt sie Kräuter, Blumen und Bäume zum Morgengebet ein. Mit Näharbeiten und Stickereien und dem Verkauf von selbst angebauten Blumen und Früchten verdient sie ein wenig Geld. Sie kümmert sich um Arme und Kranke, vor allem um Indios, die von den spanischen Kolonialherren ausgebeutet werden. Ihre asketischen Übungen verschärft sie – um die Leiden Christi nachzuempfinden, aber erklärtermaßen auch deshalb, um Buße zu tun für die Schandtaten ihrer Landsleute.

Trotz verschiedener Krankheiten behält sie ihre Selbstkasteiungen bei, geißelt sich, streut Asche auf ihr Essen, schläft auf einem Brett mit Scherben und Steinen. Sie hat Bewun-

Rosa von Lima

derer, muss aber auch mit Spott und Verleumdungen fertig werden, denn viele halten sie für besessen; sie erlebt Erscheinungen und Visionen, wird über lange Jahre jedoch auch vom Gefühl der Gottverlassenheit gequält.

Eine reiche Freundin hilft ihr dabei, endlich die Gründung eines Klosters zu verwirklichen. 1623 kann es tatsächlich eröffnet werden, doch das erlebt Rosa nicht mehr; sie stirbt am 24. August 1617, nur 31 Jahre alt. Vergleichsweise rasch spricht sie Papst Clemens X. im Jahr 1671 heilig.

Ihr Gedenktag ist heute der 23. August. Nach dem alten Heiligenkalender war es der 30. August – und am 30. August 1961 fassen die deutschen Bischöfe einen bedeutsamen Entschluss: Am folgenden Weihnachtsfest soll es eine Kollekte für die Kirche in Lateinamerika geben. Der Namenstag der Rosa von Lima wird damit zur Geburtsstunde des Lateinamerika-Hilfswerks Adveniat.

Bedrängnis und Gnade

In einer ihrer Visionen sagt Jesus zu Rosa von Lima: „Alle sollen wissen, dass auf die Anfechtung die Gnade folgt; sie sollen einsehen, dass die Größe der Gnadengaben in dem gleichen Maße wächst, wie die Mühsale zunehmen; sie sollen erkennen, dass wir ohne die Last der Bedrängnis nicht zum Gipfel der Gnade gelangen können." Rosa ist von dieser Botschaft zutiefst beglückt. Sie will sie an die ganze Menschheit weitergeben: „O, wenn doch die Sterblichen erkennen wollten, wie erhaben die Gnade Gottes ist, wie schön, wie edel, wie kostbar; welche Reichtümer sie in sich birgt, wie viel Freude und Jubel!"

Katholisch, weiblich, mächtig

Drei Tage läuten dreimal eine Stunde lang sämtliche Glocken. Für sechs Wochen sind alle Glücksspiele verboten. Denn am 15. Oktober 1688 ist eine mächtige Frau der katholischen Kirche gestorben: Essens Fürstäbtissin Anna Salome von Salm-Reifferscheidt.

Sie wird im Mittelschiff der Essener Münsterkirche begraben – in der jetzigen Bischofskirche des Bistums Essen erinnert bis heute ein barockes Denkmal an die Grafentochter, die über mehr als vier Jahrzehnte die Geschicke eines der bedeutendsten Damenstifte des deutschen Reiches bestimmt hat.

Als sie im Juni 1646 einstimmig zur Äbtissin gewählt wird, ist sie mit ihren 23 Jahren sehr jung für die höchst anspruchsvolle Aufgabe, die sie zu bewältigen hat. Ihre Vorgängerin hat in den Wirren des Dreißigjährigen Krieges 1629 nach Köln fliehen müssen, wo sie 15 Jahre später stirbt.

Die lange Führungslosigkeit und die Kriegsschäden haben dem Stift erheblich zugesetzt; zudem muss die neue Äbtissin, die auch weltliche Landesherrin ist, ihre Rechte gegen die Stadt Essen durchsetzen, die auf Eigenständigkeit pocht und seit 1563 evangelisch ist. Das Stift steckt in seiner vielleicht größten Krise.

Anna Salome von Salm-Reifferscheidt

Die Geschichte des Damenstifts beginnt um 845, als die Familie des späteren Hildesheimer Bischofs Altfrid eine geistliche Frauengemeinschaft für unverheiratete Töchter und Witwen des sächsischen Hochadels gründet. Fürsten und Könige schenken der Kommunität immer wieder Ländereien, nicht nur in und um Essen, auch in den Niederlanden, am Rhein bei Godesberg oder an der Lahn bei Marburg. Die Stiftskirche wird mit kostbaren Kunstwerken und liturgischen Geräten ausgestattet – darunter etwa die berühmte „Goldene Madonna", die älteste erhaltene vollplastische Marienfigur der abendländischen Kunst.

Reichtum und Bedeutung des Essener Stifts wachsen, die Äbtissin wird schließlich auch zur Fürstin, zur weltlichen Regentin. In Essen hat jahrhundertelang eine Frau das Sagen, politisch wie auch kirchenpolitisch, denn die Abtei untersteht direkt dem Papst, so dass der Kölner Erzbischof der Äbtissin nicht dreinreden kann.

Als Anna Salome von Salm-Reifferscheidt ihr Amt antritt, ist aber Krisenmanagement gefragt. Die Äbtissin sorgt dafür, dass die Kirche und andere beschädigte oder zerstörte Stiftsgebäude wieder instand gesetzt werden. Und sie zieht vor Gericht, um ihre Machtansprüche zu sichern. Zur Not trommelt sie die katholischen Stiftsbauern zusammen, auf dass sie uneinsichtige Protestanten einmal kräftig verprügeln.

Anna Salome gelingt es, die Position des Stiftes zu stabilisieren. Beenden jedoch kann sie die politischen und konfessionellen Zwistigkeiten nicht, auch ihre Nachfolgerinnen werden kämpfen müssen, um ihre Stellung zu behaupten. 1803 allerdings ist gar nichts mehr zu retten: Im Zuge der Säkularisation wird das Stift aufgelöst, sein Territorium fällt an Preußen. Nach fast 1000 Jahren endet die Herrschaft adeliger Frauen in Essen.

Die Fürstäbtissin:
Anna Salome von
Salm-Reifferscheidt
1622-1688

Das Stift Essen

Das Essener Frauenstift bestand von ungefähr 845 bis 1803. Die erste Erwähnung findet sich in der um 864 entstandenen dritten Vita des heiligen Liudger. Seine Blütezeit erlebte das Stift ab Mitte des 10. Jahrhunderts. 1228 wurden die Äbtissinnen erstmals als Fürstin bezeichnet. Das Stift hatte rund zwei- bis dreitausend Besitztitel in der näheren und weiteren Umgebung. Die Äbtissin gehörte seit 1653 dem Rheinischen Reichsprälatenkollegium an. Nach der Auflösung 1803 ging das drei Quadratmeilen große Gebiet des geistlichen Territoriums an Preußen, gehörte von 1808 bis 1813 zum Großherzogtum Berg und gelangte danach aufgrund der Beschlüsse auf dem Wiener Kongress wieder an Preußen.

Ein Sitzstreik brachte sie ins Kabinett

„In einem Kreis von Männern als einzige Frau wurde ich nie das Gefühl los, eine Fremdsprache zu sprechen", hat Elisabeth Schwarzhaupt einmal gesagt. Die erste Bundesministerin der Bundesrepublik starb am 29. Oktober 1986.

In den wichtigsten Männerkreis gelangt sie durch eine Aktion, die man CDU-Frauen anno 1961 kaum zutraut, eingefädelt von der 80 (!) Jahre alten Helene Weber: Die katholische Bundestagsabgeordnete fürchtet, das Konrad Adenauer auch sein viertes Kabinett komplett männlich besetzen wird – und trommelt ihre Fraktionskolleginnen zu einem Sitzstreik vorm Kabinettssaal zusammen. „Wir gehen hier nicht eher weg, bis wir eine Ministerin haben", droht sie dem Kanzler.

Adenauer beruft Elisabeth Schwarzhaupt zur Bundesministerin für das Gesundheitswesen. Er beugt sich also der Frauenpower, was aber angeblich nichts an seiner üblichen Begrüßung der Ministerrunde – „Morjen, meine Herren!" – ändert. Als die Neue sich beschwert, soll er geknurrt haben: „In diesem Kreis sind auch Sie ein Herr."

Nun, Elisabeth Schwarzhaupt weiß sich unter Männern durchzusetzen. Am 7. Januar 1901 in Frankfurt am Main

Erste Ministerin der
Bundesrepublik:
Elisabeth
Schwarzhaupt
1901-1986

geboren, wächst sie in einem liberalen protestantischen Elternhaus auf. Zwar verwehrt ihr der Vater den Weg zum Traumberuf einer Theater- und Literaturkritikerin. Das sei eine brotlose Kunst. Seine Tochter soll Lehrerin werden. Sie fügt sich zunächst, doch beginnt dann ein Jurastudium, das sie mit der Doktorarbeit abschließt. Als einzige Frau ist sie kurz am Dortmunder Amtsgericht tätig. Aber die Nazis wollen keine Frauen im Richteramt und außerdem ist Schwarzhaupt durch regimekritische Äußerungen aufgefallen.

1936 heuert sie in der Kirchenkanzlei der Deutschen Evangelischen Kirche (DEK) in Berlin an. 21 Jahre lang bleibt sie als Juristin und Referentin im kirchlichen Dienst. Nach dem Zweiten Weltkrieg ist sie die erste Oberkirchenrätin der Evangelischen Kirche in Deutschland (EKD). Die Politik nimmt nun immer mehr Raum in ihrem Leben ein. Sie tritt der CDU bei und wird 1953 in den Bundestag gewählt, dem sie bis 1969 angehört.

Elisabeth Schwarzhaupt

Als Gesundheitsministerin ist sie gleich voll gefordert. Keine zwei Wochen nach ihrer Vereidigung am 14. November 1961 wird der Contergan-Skandal ruchbar: Das Beruhigungs- und Schlafmittel hat zu schweren Fehlbildungen von Organen und Gliedmaßen bei Neugeborenen geführt.

Die Ministerin macht zur Pflicht, dass Arzneien auf mögliche vorgeburtliche Schädigungen getestet werden. In ihre fünfjährige Amtszeit fallen zudem Reformen des Lebensmittelrechts, des Bundesseuchengesetzes, der Krankenversicherung. Und sie baut eine Abteilung für Umweltfragen auf, eine Pioniertat. Ihr Wirken wird auch öffentlich anerkannt. 1966 erhält sie das Großkreuz des Bundesverdienstkreuzes. Als erste Frau in der Geschichte der Bundesrepublik.

Alibifrau und Pionierin

Elisabeth Schwarzhaupts Mutter hat für den Haushalt und die Erziehung der Kinder sorgen müssen. Für die Tochter steht fest: „Ich selbst wollte diese Rolle, die meine Mutter vorlebte, nicht übernehmen. Zu einem Thema meines Lebens wurde die Frage, wie man die Rolle der Frau an neue Gesellschaftsformen so anpassen könnte, dass sie Kinder haben und doch mit gleichen Entwicklungschancen leben könnte wie der Mann." Durch ihre politische Karriere kann sie dieses Ziel verwirklichen, bilanziert jedoch am Ende ihrer Laufbahn, sie sei stets „Alibifrau" gewesen. Immerhin: „Sicher war es ein Erfolg, was die Frauen angeht, dass wir zunächst durch meine Ministerschaft gewissermaßen den Fuß in eine bisher verschlossene Tür gesetzt haben. Das Ergebnis war, dass kein Kabinett mehr ohne Frau gebildet worden ist."

Mit Wissensdurst und Tatkraft

Wer weiß heute noch, dass es in Deutschland einst zahlreiche katholische Arbeiterinnenvereine gab? Dabei haben sie sozialpolitisch einiges bewirkt und viel für die Bildung der Arbeiterinnen geleistet. Zu den Vorkämpferinnen der Bewegung zählte Therese Studer.

Eine harte Kindheit. Therese, am 2. September 1862 in Senden nahe Ulm geboren, verliert früh die Mutter und auch die erste Stiefmutter, mit der sie sich gut versteht. Nicht so mit der zweiten: Schon mit acht Jahren muss Therese bei Bauern als Kindsmagd schuften. Zur Schule gehen darf sie nur im Winter – äußerst bitter für das so wissbegierige Mädchen.

Als der Vater schwer erkrankt, muss die 16-Jährige für das Familieneinkommen sorgen. In einer Fabrik im Nachbarort rollt sie Zündholzpäckchen im Akkord. Überliefert ist, dass sie einer alten Kollegin einen Teil ihrer Päckchen überlässt, damit die etwas mehr Lohn kriegt – Therese beweist schon in jungen Jahren ihre solidarische Einstellung.

Die Fabrik schließt und Therese arbeitet als Dienstmädchen und in einer Textilfabrik, ehe sie Arbeit in einer Baumwollweberei in Kaufbeuren findet. Hier bleibt sie 24 Jahre lang. Und wohnt im Marienheim, einem von Franziskanerinnen

Im Einsatz für katholische Arbeiterinnen:
Therese Studer
1862-1931

geführten Wohnheim für Fabrikarbeiterinnen. Wenn es im Heim oder im Betrieb zu Konflikten kommt, ist Therese die Vermittlerin. Sie verhindert Entlassungen. Sie sorgt dafür, dass Kolleginnen mittags eine warme Mahlzeit erhalten. Und in jeder freien Minute liest sie, in erster Linie Zeitungen und Fachbücher über Volkswirtschaft, Geografie, Geschichte.

Schließlich gründet sie in Kaufbeuren einen katholischen Arbeiterinnenverein, der sich vor allem eine bessere Bildung der Frauen auf die Fahnen schreibt. Es gelingt ihr, die Mitgliederzahl in wenigen Monaten zu verdreifachen. Bald holt sie der „Süddeutsche Verband katholischer Arbeiterinnenvereine" nach München, macht sie zu seiner ersten Verbandssekretärin. Dank ihres Einsatzes werden zahlreiche neue Vereine gegründet – allerdings scheitern mehrere solcher Versuche an Pfarrern, die der Ansicht sind, eine Frau gehöre in die Familie und keinesfalls in die Fabrik, weshalb Arbeiterinnenvereine völlig unnötig seien.

Therese Studer

Therese lässt sich nicht entmutigen, reist durch die Lande, betreibt Überzeugungsarbeit, referiert bei Schulungen zu sozialen und politischen Themen. Bis eine schmerzhafte Rheumaerkrankung ihren Aktionskreis empfindlich einschränkt. Dennoch lässt sie sich zur – ehrenamtlichen – Verbandsvorsitzenden wählen, was sie bis zu ihrem Tod am 21. Januar 1931 bleibt.

Hart die Kindheit, hart das Arbeitsleben mit Schichten von zehn, 14 Stunden, schließlich das Rheuma – trotzdem ist Therese Studer für ihren „köstlichen Humor" berühmt. Und sie genießt für ihr Leben gern gesellige Runden mit gutem Essen und Wein. Und einer Zigarre.

Katholisch oder christlich?

Die christlichen Gewerkschaften, gegen Ende des 19. Jahrhunderts gegründet, bekennen sich bewusst zu den Prinzipien der christlichen Gesellschaftslehre wie Personalität, Subsidiarität, Solidarität und Gemeinwohl – und distanzieren sich damit von den sozialistischen Grundsätzen der freien Gewerkschaften. Die ersten Jahre der Arbeit der christlichen Gewerkschaften sind freilich überschattet vom Streit über die Frage, ob Katholiken zusammen mit Protestanten in einer gemeinsamen Organisation arbeiten dürfen. Während katholische Bischöfe mit Nachdruck katholische Gewerkschaften fordern, beharren die Führer der christlichen Gewerkschaften auf den interkonfessionellen Charakter der christlichen Gewerkschaften. Es bedarf der päpstlichen Enzyklika „Singulari quadam", um diesen erbittert geführten Streit 1912 zugunsten christlicher Gewerkschaften zu beenden.

Ein Königspaar, zwei Konfessionen

Seit der Hochzeit des bayerischen Kronprinzen Ludwig mit Prinzessin Therese von Sachsen-Hildburghausen am 12. Oktober 1810 feiert München Oktoberfest – das wissen auch Nichtbayern. Weniger bekannt: Das Paar führte eine konfessionsverschiedene Ehe. Mit einigen Krisen.

Therese ist keine gute Partie. Ihre Vorfahren haben das Herzogtum Sachsen-Hildburghausen – die Residenzstadt liegt an der Werra, gehört heute zum Freistaat Thüringen – heruntergewirtschaftet. Die Verpflegung bei Hofe ist kärglich, mitunter fehlt das Geld für so alltägliche Dinge wie Seife oder Kerzen. Thereses kunstsinnige Mutter pflegt dennoch ein reges kulturelles Leben und achtet auf gute Bildung ihrer Kinder.

Der ungleich reichere Kronprinz hat es eilig mit dem Heiraten. Bayern, seit 1806 Königreich, ist eng an Frankreich gebunden; Kaiser Napoleon hat nicht nur Ludwigs Schwester bereits eine Eheschließung aufgezwungen – er möchte auch selbst in ein europäisches Fürstenhaus einheiraten und Therese steht auf seiner Kandidatinnenliste.

Ludwig ist schneller. Ein erster Besuch kurz vor Weihnachten 1809, und schon am 12. Februar 1810 wird Verlobung gefeiert. Die Heirat soll auf dem Fuße folgen, doch die Aus-

Bayerns katholischer Kronprinz heiratet eine lutherische Prinzessin: Therese von Sachsen-Hildburghausen 1792–1854

handlung des Ehekontraktes kostet Zeit. Die Braut ist in einer tiefgläubigen lutherischen Familie aufgewachsen und denkt gar nicht daran, zum katholischen Bekenntnis ihres künftigen Gatten zu konvertieren. So wird ihr unter anderem vertraglich zugesichert, dass sie ihren Glauben weiter ausüben darf und eine protestantische Kapelle inklusive Prediger zur Verfügung gestellt bekommt.

Im Volk erfreut sich Therese rasch großer Beliebtheit. Sie ist politisch klug, engagiert sich sehr in der Armen- und Krankenfürsorge und gilt als mustergültige Ehefrau und Mutter – neun Kinder bringt sie zur Welt. Und sie muss die Liebschaften ihres Mannes ertragen, die sich zumeist in aller Öffentlichkeit abspielen; die Affäre mit der skandalumwitterten Tänzerin Lola Montez führt 1848 gar zur Abdankung Ludwigs.

Im Lauf der Ehe versucht Ludwig durchaus, seine Gemahlin zum Konfessionswechsel zu überreden. Vergeblich. Als König – 1825 stirbt Ludwigs Vater Maximilian I. – fördert er einsei-

Therese von Sachsen-Hildburghausen

tig die katholische Kirche: Zum Beispiel gründet er zahlreiche Klöster neu und drückt 1838 den „Kniebeugeerlass durch", der allen Soldaten bei Gottesdiensten eine Kniebeuge vor dem Allerheiligsten vorschreibt.

Von seinem Kurs rückt Ludwig erst nach einer einschneidenden Erfahrung ab. Karoline, die zweite Ehefrau seines Vaters und, wie Therese, Protestantin, stirbt 1841. Zur Beerdigung erscheinen die katholischen Kleriker in weltlicher Kleidung, der Sarg wird ohne Gebete in der Gruft abgestellt. Eine Würdelosigkeit der verstorbenen Stiefmutter gegenüber, die den König erzürnt. Vermutlich will Ludwig einen ähnlichen Eklat 1854 nicht erleben: Am 26. Oktober fällt Therese der Cholera zum Opfer – ihr Gatte bleibt der Beerdigung fern.

Vorhochzeitliche Förmlichkeiten

Im Dezember 1809 stattet Ludwig der Residenz in Hildburghausen einen viertägigen Besuch ab und nimmt die Prinzessinnen Therese und Luise in Augenschein. Er entscheidet sich für Therese. Im Januar 1810 stimmt Ludwigs Vater zu. Im Februar folgt die Verlobung. Nächster Akt: die feierliche Anwerbung der Braut durch den bayerischen Gesandten. Am 23. Juni dann die offizielle Werbung bei Hof. Die Braut wird am 6. Oktober in Hildburghausen verabschiedet, reist mit Eltern und Schwester zunächst nach Bamberg, wo die Familie von Herzog Wilhelm in Bayern empfangen wird. Dann geht es nach Regensburg zur Fürstin von Thurn und Taxis. Hier erhält Thereses Vater den Hubertusorden und die Braut lernt ihren künftigen Oberhofmeister kennen. Dessen erste Amtshandlung: Er übergibt einen Liebesbrief Ludwigs.

Fromm, adrett und "Mutter des Jahres"

Sie war Sängerin und Autorin, leitete eine Hilfsorganisation und ein Hotel, war "katholische Mutter des Jahres" – und auch die Filme über das wechselvolle Leben der Maria Augusta Trapp wurden höchst erfolgreich. Die Gründerin der "Trapp-Familie" starb am 28. März 1987.

Das Waisenkind wächst bei ihrer Großmutter und bei einem Vormund auf: Wenige Tage nach der Geburt Maria Augusta Kutscheras am 26. Januar 1905 in Wien stirbt die Mutter, drei Jahre später der Vater. Maria wird Lehrerin und Erzieherin, arbeitet in einer Klosterschule der Benediktinerinnen in Salzburg und möchte Ordensfrau werden.

Es kommt anders. 1925 trägt die Äbtissin ihr auf, als Hauslehrerin eins der sieben Kinder des verwitweten Marineoffiziers Georg Ludwig Ritter von Trapp zu unterrichten. Der 45-Jährige ist im Ersten Weltkrieg als U-Boot-Kommandant berühmt geworden. Hauslehrerin und Korvettenkapitän verlieben sich ineinander und heiraten 1927.

Maria ist sehr musikalisch und singt viel mit ihren Stiefkindern und ihren beiden eigenen Töchtern, die 1929 und 1931 geboren werden. Einen Sohn bekommt sie außerdem 1939 – aber da hat sich die Lage längst wieder grundlegend verändert. Denn Georg hat während der Weltwirtschaftskrise 1934 sein ganzes Geld verloren. Weshalb Maria nun aus dem Hobby einen Beruf macht: Sie gründet einen Familienchor. Franz Wasner, der Hauskaplan der Trapps, übernimmt die musikalische Leitung und arrangiert auch die meisten Melodien, die der Chor ins Repertoire aufnimmt, vorwiegend Volkslieder und mehrstimmige kammermusikalische Chorstücke.

Die Karriere in Österreich ist kurz. Beim Volkssängerwettbewerb der Salzburger Festspiele ersingen sich die Trapps 1937 den ersten Preis. Doch nach dem Anschluss Österreichs an Hitler-Deutschland emigriert die Familie 1938 in die USA. Sehr schnell werden die „Trapp Family Singers" in den Staaten populär. Die Amerikaner mögen die feschen Lieder und die fröhlichen Tiroler in ihren adretten Trachten.

Nach dem Krieg starten die inzwischen berühmten Trapps in den USA eine Hilfsaktion für Österreich, sammeln Kleidung und Nahrungsmittel für die notleidenden Landsleute in der Heimat. An ihrem Wohnsitz in Stowe, Vermont, errichten sie ein Hotel namens „Trapp Family Lodge", bis heute eine viel besuchtes Haus. Den Ehrentitel der „katholischen Mutter des Jahres" erhalten in den USA Frauen, die eine kinderreiche Familie vorbildlich führen – Maria Augusta wird diese Auszeichnung 1956 zuteil.

Da hat sie bereits mit ihren Lebenserinnerungen einen Bestseller gelandet. Der mehrfach verfilmt wird: Im deutschsprachigen Raum werden „Die Trapp-Familie" (1956) und die Fortsetzung „Die Trapp-Familie in Amerika" (1958) mit Ruth Leuwerik als Maria zu Kassenschlagern; der Rest der Welt bevorzugt die Musical-Verfilmung des Stoffes, die 1965 mit Julie Andrews in der Hauptrolle in die Kinos kommt („The Sound of Music", deutscher Titel: „Meine Lieder – meine

Chorleiterin
und Autorin:
Maria Augusta Trapp
1905–1987

Träume") – mit geschätzten 1,2 Milliarden Zuschauern einer der meistgesehenen Filme aller Zeiten.

Erfolgreicher Heimatfilm

Der Streifen „Die Trapp-Familie" unter der Regie von Wolfgang Liebeneiner zählt zu den erfolgreichsten deutschen Heimatfilmen der 1950er- Jahre, entspricht er doch in Form und Inhalt der Sehnsucht des deutschen Nachkriegspublikums nach Harmonie und Durchhaltewillen, trotz der Zerstörungen des Krieges. Ein Übriges tut die illustre Riege der Schauspieler, die neben Ruth Leuwerik agieren, unter ihnen Hans Holt, Maria Holst, Josef Meinrad, Hilde von Stolz, Agnes Windeck, Liesl Karlstadt, Michael Ande, Ursula Wolff, Franz Muxeneder, Joseph Offenbach.

Der lange Weg zur „Gemeinschaft Jesu"

Die Frau lebte gefährlich: Im England der Katholikenverfolgung musste Maria Ward einmal ihr Todesurteil vernehmen – und selbst in ihrer eigenen Kirche wurde sie von der Inquisition angeklagt. Doch für ihre Ziele kämpfte sie unerschrocken weiter.

Am 23. Januar 1585 wird Maria Ward in der nordenglischen Grafschaft Yorkshire geboren. Sie ist das erste von sechs Kindern einer wohlhabenden Landadelsfamilie. Ihren katholischen Glauben müssen die Wards heimlich praktizieren, denn es regiert Elisabeth I. – sie lässt nicht nur ihre katholische Kusine Maria Stuart hinrichten, sondern auch zahlreiche Priester und Gläubige. Unter Elisabeths Nachfolger Jakob I. hält die Verfolgung an. Maria Ward selbst wird wegen ihrer religiösen Aktivitäten zum Tod verurteilt, kann aber glücklicherweise entkommen.

Da hat sie bereits einige Jahre in Flandern hinter sich. In Saint Omer im heutigen Nordfrankreich ist sie 1606 den Klarissen beigetreten. Sie wird dort als Laienschwester aufgenommen und muss Almosen sammeln. Unzufrieden tritt sie nach wenigen Monaten aus und entschließt sich zur Gründung eines eigenen Klarissenklosters nur für Engländerinnen. Auch diesen Plan ändert sie zwei Jahre später. Sie trennt sich

Pionierin einer besseren Mädchenbildung: Maria Ward 1585-1645

von den Klarissen, schart bei einem Englandaufenthalt sieben Gefährtinnen um sich und kehrt mit ihnen nach Saint Omer zurück. Die „Englischen Fräulein" beginnen mit ihrer Arbeit: der Erziehung und Bildung von Mädchen.

Maria Ward schwebt nun die Gründung eines Frauenordens nach dem Vorbild der Jesuiten an. Während in London, Lüttich, Köln und Trier Niederlassungen entstehen, bemüht sich Maria Ward um die päpstliche Anerkennung der Gemeinschaft. Doch dass ein Frauenorden Mädchenbildung, Katechese und Sozialarbeit betreiben, jedoch nicht in Klausur leben will, stößt in Rom auf Ablehnung. Maria Ward wird vor die Wahl gestellt: Entweder sie akzeptiert die Klausur oder das „Institut der Englischen Fräulein" wird aufgelöst.

Jahre dauern die Auseinandersetzungen. Gegen Maria Ward ermittelt die Inquisition. Mehrmals muss sie in Klosterhaft. 1631 schließlich verfügt Papst Urban VIII. die Aufhebung der „Jesuitinnen".

Maria Ward

Maria Ward unterwirft sich der Entscheidung. Doch sie und viele ihrer Gefährtinnen unterrichten weiterhin Mädchen und junge Frauen. Auch nach Maria Wards Tod am 30. Januar 1645 in York bleiben „Englische Fräulein" aktiv. Einzelne Fürsten und Bischöfe unterstützen sie. Der Papst erkennt die Kongregation aber erst 1877 an (in den Jahrzehnten zuvor sind da übrigens in Irland und Kanada zwei neue Ordenszweige entstanden). Ein weiteres Jahrhundert vergeht, bis 1978 die jesuitischen Ordensregeln übernommen werden können. Und seit 2004 heißt der Orden endlich „Gemeinschaft Jesu" (Congregatio Jesu) – wie ihn Maria Ward knapp 400 Jahre zuvor auch schon gern genannt hätte.

Die Odyssee der letzten Jahre

Ab Dezember 1636 geht es mit der Gesundheit Maria-Wards rapide bergab. Im Sommer 1637 erhält sie die Erlaubnis, zur Kur nach Spa reisen zu dürfen. Von Rom aus geht der Weg über Siena, Florenz, Bologna, Mailand, Turin; über die Passhöhe des Mont Cenis muss sie getragen werden. In Paris hält sie sich ein halbes Jahr auf, über Lüttich geht es endlich nach Spa. Anschließend stellt ihr der Kardinalstaatssekretär ein Empfehlungsschreiben an die Gattin des Königs von England aus, eine französische Katholikin. So kommt Maria Ward im Mai 1639 nach London. Zwei Jahre später will sie zurück nach Rom, doch die politische Lage in England macht dies unmöglich. 1644 zieht sie sich in die Stadt York zurück. Ihr Gesundheitszustand verschlechtert sich immer weiter. Am 30. Januar stirbt sie. Das letzte Wort, das sie spricht, lautet „Jesus".

Konservativ, kantig und katholisch

Sie war eine der bedeutendsten deutschen Politikerinnen in der ersten Hälfte des vorigen Jahrhunderts – und ist dennoch fast vergessen: Helene Weber, eine der vier „Mütter des Grundgesetzes". Sie starb am 25. Juli 1962.

Dem „Spiegel" ist es 1960 eine Meldung wert, dass Helene Weber die Schokoladensorte gewechselt habe, mit der sie Bundeskanzler Adenauer bei Plenarsitzungen füttere: statt Milch- gebe es nun halbbittere Schokolade mit Mandeln.

Nein, wirklich ernst nimmt die Allgemeinheit jene wenigen Frauen noch immer nicht, die Politik machen. Nicht einmal eine wie Helene Weber, die ein halbes Jahrhundert Erfahrung vorweisen kann.

Am 17. März 1881 im heute zu Wuppertal gehörenden Elberfeld geboren, kennt sie das Metier von klein auf: Ihr Vater Wilhelm, der Helene und ihre fünf Geschwister nach dem frühen Tod seiner Frau Agnes allein großziehen muss, ist Ortsvorsitzender der katholischen Zentrumspartei. Auch Helene findet hier bald ihre politische Heimat.

Und eifert ihrem Vater auch beruflich nach: Sie wird Volksschullehrerin – viel mehr Karriere geht damals für eine Frau

Helene Weber

kaum. Genauer: für ein Fräulein, denn eine Lehrerin ist typischerweise ledig. Unverheiratet wird Helene Weber bleiben, durchaus aus Überzeugung, aber die Volksschule reicht ihr nicht. Als die Unis Frauen zulassen, studiert sie, legt das Staatsexamen ab und darf nun an höheren Schulen unterrichten.

Daneben engagiert sie sich im Zentrum und in der Frauen- und Sozialarbeit. Vor allem prägt sie die politische Bildung des Katholischen Frauenbundes (heute Katholischer Deutscher Frauenbund, KDFB). Sie erweist sich als zündende Rednerin und kommt, wie es ihre Mitstreiterin Maria Offenberg ausdrückt, „wie ein Sturm über die junge Frauengeneration, der die Dächer des Wohlbehagens und der Selbstzufriedenheit" abhebt.

Helene Weber wird zur Ministerialrätin im preußischen Ministerium für Volkswohlfahrt berufen und ist damit eine der ranghöchsten Beamtinnen des Landes. Sie zieht in den Reichstag ein. Aus Fraktionsdisziplin stimmt sie Hitlers Ermächtigungsgesetz zwar zu, macht aber nie einen Hehl aus ihrer Ablehnung der Nazis. Die entlassen sie fristlos aus dem Staatsdienst, immerhin mit Ruhegehalt. Sie übernimmt kirchlich-karitative Aufgaben und lässt die Politik ruhen. Aber „ich wusste alles von der Widerstandsbewegung", sagt sie später in einem Interview. Im Dritten Reich mag ihr Geschlecht mal von Vorteil sein: Für wirklich gefährlich halten die Nazis Frauen ja eher nicht.

Nach dem Krieg schließt Helene Weber sich der CDU an, formuliert im Parlamentarischen Rat das Grundgesetz mit, kommt in den Bundestag, wird Vorsitzende der CDU-Frauen und des Müttergenesungswerkes. Sie ist nun die große alte Dame des politischen Katholizismus.

Philosophin und
Mystikerin:
Simone Weil
1909-1943

Fabriktagebuch. Völlig erschöpft erholt sie sich anschließend in der Schweiz, reist nach Spanien und Portugal. Während dieser Reise sowie 1937 in Assisi und 1938 in der nordwestfranzösischen Benediktinerabtei Solesmes erlebt sie tiefe religiöse Erfahrungen; in Solesmes zum ersten Mal eine mystische Ekstase, der später weitere folgen.

Sie beschäftigt sich daraufhin mit der Mystik des heiligen Johannes vom Kreuz und mit verwandten Schriften anderer Religionen. 1940 lernt sie den Dominikanerpater Jean-Marie Perrin kennen, der ihr geistlicher Begleiter wird und mit dem sie diskutiert, ob sie katholisch werden soll. Sie lässt es sein, unter anderem deshalb, weil sie die Kirche für zu dogmatisch und machtorientiert hält. Erst lange nach ihrem Tod wird ihre Freundin Simone Deitz berichten, sie habe Simone Weil auf deren Wunsch hin im August 1943 die Nottaufe gespendet.

Da ist Simone Weil bereits sterbenskrank. Vor den deutschen Besatzern 1940 nach Südfrankreich geflohen, hat sie

Simone Weil

1942 ihre Eltern nach New York begleitet, um sich bald darauf in London niederzulassen, wo sie als Redakteurin arbeitet und den französischen Widerstand unterstützt. Aber sie isst zu wenig – aus Solidarität mit den Hungernden in der Welt. Derart geschwächt, erkrankt sie an Tuberkulose und stirbt am 24. August 1943 in einem Sanatorium in Ashford in der englischen Grafschaft Kent.

Nach dem Krieg werden ihre Tagebücher, Notizen, Meditationen und religiös-philosophischen Betrachtungen ausgewertet und in den vierbändigen „Cahiers" (Aufzeichnungen) veröffentlicht. Das Werk fasziniert viele Menschen, die nach einer modernen, unangepassten Spiritualität suchen. Auf eine Formel lässt sich ihr Denken nicht bringen – wie sollte es auch anders sein, bei dieser eigenwilligen, radikalen und glaubwürdigen Grenzgängerin?

Böll: „Ich bin ihr nicht gewachsen"

Für Heinrich Böll ist Simone Weil „eine Autorin, die ich ständig umkreise, nie erreiche, vielleicht, weil ich Angst davor habe, ihr zu nahe zu kommen". Sie liege ihm, schreibt er 1978, „auf der Seele wie eine Prophetin". Er fügt hinzu: „Ich möchte über sie schreiben, ihrer Stimme Stimme geben, aber ich weiß: Ich schaffe es nicht, ich bin ihr nicht gewachsen, intellektuell nicht, moralisch nicht, religiös nicht." Unter der Überschrift „Eine Last auf meiner Seele" bekennt er in der Schrift „Literatur als Gepäck": „Ich habe Angst vor ihrer Strenge, ihrer sphärischen Intelligenz und Sensibilität, Angst vor den Konsequenzen, die sie mir auferlegen würde, wenn ich ihr wirklich nahe käme."

„Arbeit meines Leibs und Mauls getan"

Sie gilt als die erste evangelische Pfarrfrau und als Inbild der Gattin eines protestantischen Geistlichen: Katharina Zell führte ein offenes, gastfreundliches Pfarrhaus, setzte sich für Arme und Verfolgte ein und kannte sich bestens in der Theologie aus.

Im Jahr 1497 oder 1498 kommt Katharina Schmitz als Tochter eines recht wohlhabenden Schreinermeisters in Straßburg zur Welt. Sie genießt eine gediegene humanistische Schulbildung, alles andere als selbstverständlich für ein Mädchen in dieser Zeit. Sie hat früh Kontakt zu Gelehrten, vor allem zu Theologen, denn sie ist sehr religiös.

Sie liest die Schriften Martin Luthers, die sie so sehr bewegen, „dass ich meinte, man zöge mich aus der grimmen, bitteren Hölle in das liebliche, süße Himmelreich". Im Straßburger Münster hört sie einem Prediger zu, der sich ebenfalls der lutherischen Theologie angeschlossen hat: Matthäus Zell. Die beiden lernen sich kennen und 1523 heiratet Katharina den 20 Jahre älteren Seelsorger.

Der wird daraufhin exkommuniziert, was Katharina dazu veranlasst, dem Bischof einen geharnischten Brief zu schreiben, in dem sie den Pflichtzölibat verurteilt und die Priesterehe mit Zitaten aus der Bibel als rechtmäßig darstellt. Den

Die ideale evangelische Pfarrfrau: Katharina Zell um 1497-1562

Bischof überzeugt sie nicht, aber da der Rat der Stadt die Aufsicht über die Kirche übernimmt, darf Zell Pfarrer bleiben.

Katharina führt ihm nicht nur den Haushalt. Bald suchen in Straßburg Protestanten Zuflucht, die ihres Glaubens wegen verbannt und verfolgt werden. Im großen Pfarrhaus des Münsters nimmt sich Katharina ihrer an, richtet später ein verlassenes Kloster für die Flüchtlinge her, denn allein im Jahr 1525 sollen über 3000 in die Stadt strömen. Katharina interessiert es nicht, ob sie Anhänger Luthers oder Zwinglis sind oder den Wiedertäufern zuneigen – sie hilft allen.

Bauernkrieg und Pestepidemien verschärfen die Not. „Ich bin in armer und reicher Leut Häuser gangen, hab mit aller Lieb, Treu und Mitleiden Pestilenz und Tote getragen, die Angefochtenen und Leidenden in Türmen, Gefängnis und Tod heimgesucht und getröstet", beschreibt Katharina ihren Einsatz; sie habe „mehr Arbeit meines Leibs und Mauls getan" als jeder „Helfer oder Kaplan der Kirchen".

Katharina Zell

Nachts – tagsüber hat sie dafür keine Zeit – schreibt sie; Briefe vor allem, aber auch religiöse Schriften. Und sie gibt geistliche Lieder- und Gebetbücher im Taschenformat heraus; zwar existieren in Straßburg bereits Gesangbücher Luthers, aber sie sind teuer und werden in erster Linie für Gottesdienste genutzt – die preiswerten Bändchen Katharinas sind für den Hausgebrauch gedacht.

Selbstbewusst mischt sie sich immer wieder in theologische Auseinandersetzungen ein. Selbstbewusst und unbefugt hält sie Grabreden, als ihr Mann 1548 stirbt oder als Verstorbenen die kirchliche Beerdigung verweigert wird. Als Witwe ist sie zwar selbst mittellos, setzt aber ihre Arbeit in der Gemeinde unbeirrt fort. Denn Christus habe gelehrt, „einem jeden Liebe, Dienst und Barmherzigkeit zu beweisen".

Katharina bestens vernetzt

Katharina Zell ist eine äußerst belesene Frau. Sie kennt die Schriften von Philipp Melanchthon, Martin Bucer, Johannes von Staupitz, Johannes Bugenhagen, Kaspar von Schwenckfeld... Und sie pflegt ungezählte persönliche und briefliche Kontakte. 1529 verweilen Ulrich Zwingli aus Zürich und Johannes Oecolampad aus Basel zwei Wochen bei Zells. Mit Matthäus besucht Katharina 1533 Ambrosius und Thomas Blarer in Konstanz. 1538 reisten die Zells nach Wittenberg, wo sie von Katharina und Martin Luther herzlich aufgenommen werden und etliche Kollegen Luthers wie Philipp Melanchthon besuchen. Kaspar Schwenkfeld logiert 1541 mehrfach bei Zells. Nach dem Tod ihres Mannes 1548 trifft sie in Zürich unter anderem John Hooper aus England.

Bildquellen

Die Rechte an den Abbildungen wurden nach bestem Wissen und Gewissen recherchiert. Bei etwaigen Fehlern bittet der Verlag die tatsächlichen Rechteinhaber um einen entsprechenden Hinweis.

S. 9 Mathilde Franziska Anneke: Wikimedia Commons
S. 13 Olave Baden-Powell: Wikicomons / Rievse
S. 15 Simone de Beauvoir: Wikimedia Commons
S. 18 Elsa Brändström: Wikimedia Commons, George Grantham Bain Collection (Library of Congress)
S. 21 Aenne Brauksiepe: Paul Bouserath / KAS-ACDP
S. 24 Friederike Brion: Wikimedia Commons / Luberon
S. 27 Lucy Burns: Wikimedia Commons
Alice Paul: Wikimedia Commons
S. 30 Marianne Dirks: Katholische Frauengemeinschaft Deutschlands (kfd)
S. 33 Hedwig Dransfeld: KDFB-Archiv Köln
S. 36 Elisabeth von Portugal: Wikimedia Commons / Groeningemuseum
S. 39 Dorothea Erxleben: Briefmarke der Deutschen Bundespost
S. 42 Gertrud Fussenegger: picture alliance
S. 46 Ida Gräfin Hahn-Hahn: Wikimedia Commons
S. 49 Hildegunde von Schönau: Wikimedia Commons / digi.ub.uni-heidelberg.de
S. 51 Maria Innocentia Hummel: picture alliance
S. 54 Mahalia Jackson: Wikimedia Commons: Library of Congress, Prints and Photographs Division, Van Vechten Collection, reproduction number LC-USZ62-112865 DLC (b&w film copy neg.).
S. 57 Anna Marie Jarvis: picture alliance
S. 61 Katharina von Alexandrien: Wikimedia Commons / Wmpearl
S. 63 Katharina von Aragon: Wikimedia Commons / PKM
S. 66 Francis Kent: Wikimedia Commons / Gobonobo
S. 69 Klara von Assisi: Wikimedia Commons
S. 73 Liliuokalani: Wikimedia Commons
S. 75 Louise de Marillac: Wikimedia Commons
S. 79 Antonietta Meo: Wikimedia Commons
S. 81 Gianna Beretta Molla: Wikimedia Commons
S. 85 Florence Nightingale: Wikimedia Commons
S. 87 Nino: Wikimedia Commons
S. 90 Rosa Parks: Wikimedia Commons
S. 93 Manuskript von Marguerite Porète
S. 97 Radegundis von Thüringen: Wikimedia Commons / Havang
S. 99 Rosa von Lima: Wikimedia Commons / Seges
S. 103 Anna Salome von Salm Reifferscheidt: Archiv
S. 105 Elisabeth Schwarzhaupt: Slomifoto / KAS-ACDP
S. 108 Therese Studer: Katholische Arbeitnehmer-Bewegung Deutschlands
S. 111 Therese von Sachsen-Hildburghausen: Wikimedia Commons
S. 115 Maria Augusta Trapp: picture alliance
S. 117 Maria Ward: Wikimedia Commons
S. 121 Helene Weber: KDFB-Archiv Köln
S. 123 Simone Weil: Wikimedia Commons
S. 126 Katharina Zell: Wandmalerei in Wittenberg

Eine der
„Mütter des
Grundgesetzes":
Helene Weber
1881-1962

Die auch gern Schokolade verteilt, gewiss, übrigens an alle Abgeordneten, parteiübergreifend. Charakteristischer für die konservative, kantige, enorm fleißige Frau dürften jedoch die Grußkarten sein, die sie verschickt, gern mit selbstverfassten Versen oder frommen Sentenzen. Auf einer steht: „Alles, was du weggibst, ist dein, was du behältst, ist verloren."

Vorbild für Nachwuchspolitikerinnen

Nach Helene Weber haben die Europäische Akademie für Frauen in Politik und Wirtschaft (EAK) und das Bundesministerium für Familie, Senioren, Frauen und Jugend eine parteiübergreifende Plattform für engagierte Frauen in der Politik benannt: das Helene-Weber-Kolleg (HWK). Dessen Ziel: mehr Frauen in die Parlamente. Der Fokus liegt auf der Kommunalpolitik, denn nur ein Viertel der kommunalen Parlamentssitze ist von Frauen besetzt.

Die radikale Grenzgängerin

Menschen mit einem Etikett zu versehen, ist immer fragwürdig. Aber wohl nur wenige sperren sich derart gegen jede Einordnung und Vereinnahmung wie Simone Weil, die am 3. Februar 1909 in Paris geboren wurde.

Sie ist Tochter einer jüdischen Arztfamilie, in der Religion nicht praktiziert wird. Sie interessiert sich früh für Mathematik – ihr älterer Bruder André ist ein mathematisches Genie –, noch mehr indes für Philosophie, Literatur, Politik. Durchaus auch für Religion, aber da ist sie eher skeptisch.

Sie studiert Philosophie und legt 1931 die Staatsprüfung für das Lehramt an höheren Schulen ab. Als Studentin hat sie bereits erste Zeitschriftenartikel veröffentlicht und sich als Pazifistin in der Liga für Menschenrechte engagiert. Sie sympathisiert mit dem Marxismus, bewahrt aber kritische Distanz und tritt nie einer Partei bei.

Als Lehrerin setzt sie sich stark in der Gewerkschaftsbewegung ein, wird deswegen sogar strafversetzt. Ende 1934 nimmt sie unbezahlten Urlaub und heuert für ein Jahr als Hilfsarbeiterin in einer Elektrofabrik an. Über die harte und oft stumpfsinnige Tätigkeit berichtet sie detailliert in einem